MOTIVAÇÃO
Do querer ao fazer

LUIZ MARINS
EUGENIO MUSSAK

MOTIVAÇÃO
Do querer ao fazer

PAPIRUS   7 MARES

Capa: Fernando Cornacchia
Coordenação: Beatriz Marchesini
Transcrição: Nestor Tsu
Edição: Anna Carolina Garcia de Souza e Beatriz Marchesini
Diagramação: DPG Editora
Revisão: Ana Carolina Freitas, Elisângela S. Freitas e Isabel Petronilha Costa

---

Dados Internacionais de Catalogação na Publicação (CIP)
(Câmara Brasileira do Livro, SP, Brasil)

Marins, Luiz
 Motivação: Do querer ao fazer/Luiz Marins, Eugenio Mussak. –
Campinas, SP: Papirus 7 Mares, 2010. – (Coleção Papirus Debates)

ISBN 978-85-61773-15-1

1. Motivação (Psicologia) I. Mussak, Eugenio. II. Título. III. Série.

10-04853   CDD-158.1

Índice para catálogo sistemático:
1. Motivação: Psicologia aplicada 158.1

Exceto no caso de citações, a grafia deste livro está atualizada segundo o Acordo Ortográfico da Língua Portuguesa adotado no Brasil a partir de 2009.

2ª Reimpressão
2016

Proibida a reprodução total ou parcial da obra de acordo com a lei 9.610/98.
Editora afiliada à Associação Brasileira dos Direitos Reprográficos (ABDR).

DIREITOS RESERVADOS PARA A LÍNGUA PORTUGUESA:
© M.R. Cornacchia Livraria e Editora Ltda. – Papirus 7 Mares
R. Dr. Gabriel Penteado, 253 – CEP 13041-305 – Vila João Jorge
Fone/fax: (19) 3790-1300 – Campinas – São Paulo – Brasil
E-mail: editora@papirus.com.br – www.papirus.com.br

SUMÁRIO

A fonte da motivação 7

Quem é o roteirista de sua história? 15

Inteligência e vontade 21

Motivação para quê? 33

Qual é sua escala de valores? 47

Educar para fazer brilhar sempre mais 53

Adapte-se: O tempo não para 61

As melhores horas do dia e os melhores
anos de sua vida 69

O que é mais importante para você no trabalho? 77

A chave é a pergunta... 83

Do sonho à ação, da ação ao resultado 91

Como descobrir o que o motiva? 101

Desafio, aprendizagem e inovação 109

Raízes e asas: Viver o presente com
os olhos no futuro 119

O desejo, a necessidade e a motivação 127

Glossário 133

N.B. Na edição do texto foram incluídas notas explicativas no rodapé das páginas. Além disso, as palavras em **negrito** integram um **glossário** ao final do livro, com dados complementares sobre as pessoas citadas.

A fonte da motivação

Eugenio Mussak – Inicialmente gostaria de expressar minha alegria por esta possibilidade de fazermos juntos um livro sobre motivação. Ademais da indiscutível relevância do tema, este formato de diálogo permite uma interação dinâmica entre os tópicos, na verdade, entre nossos conhecimentos. Pelo contato com os leitores, percebi que o livro anterior que fiz com o Mario Sergio **Cortella**, *Liderança em foco*, é muito apreciado. As pessoas contam que o leem inteiro de uma só vez. A leitura flui facilmente, com bom aproveitamento de seu conteúdo. Assim, favorecemos a reflexão, estimulamos a discussão em grupo... É muito interessante.

Luiz Marins – Também fiquei animado com a possibilidade e agradeço pelo convite. Eu já tenho algumas publicações sobre o assunto, como *Socorro! Preciso de motivação,*

Desmistificando a motivação no trabalho e na vida e *Momentos de motivação & sucesso! 52 dicas semanais para você viver motivado para vencer!*.

A primeira observação que eu gostaria de fazer sobre o tema é que a maioria das pessoas confunde motivação com autoajuda, ou com emoção. Na realidade, motivação tem muito pouco a ver com emoção. A motivação é composta pelo conjunto de motivos, das razões de ordem lógica, racional, cartesiana que levam o indivíduo a fazer suas opções na vida. Viver é optar, não é verdade? Se eu não tiver motivos pessoais para agir, sou uma pessoa desmotivada. O prefixo *des*- indica negação. Logo, desmotivado é aquele que se encontra sem motivos para atuar. Se alguém não tiver seus próprios motivos, terá de viver pelos motivos dos outros. Ninguém pode ter sucesso ou ser feliz – seja qual for a definição de sucesso e felicidade que se adote – vivendo por motivos que não sejam os seus.

Daí decorre a importância da motivação: que cada um descubra seus motivos para viver, e seus motivos para cada opção feita ao longo do caminho. Há quem diga que leu um livro ou assistiu a uma palestra sobre motivação e que ficou motivado por uma semana. Naturalmente a pessoa não ficou motivada, mas emocionada, animada.

Mussak – Marins, você sabe que o tema "motivação" sempre esteve presente na minha vida, até na época em que eu ainda não tinha consciência disso. Trabalho com educação corporativa há dez anos, mas esta é minha terceira carreira. Nas duas anteriores, eu lidava com motivação sem saber disso. Primeiro, fui professor. Por mais de 20 anos lidei com alunos e procurava, ainda que de forma intuitiva, mais do que transferir conhecimento, desenvolver neles a motivação para estudar. Esse talvez seja o grande segredo dos bons professores. Depois atuei como médico, minha área de formação acadêmica, e sentia que muitos pacientes adoeciam por falta de motivação para viver. Confesso que, além de ser um mistério, é muito triste uma pessoa não ter entusiasmo pela vida.

Marins – Permita-me apenas fazer uma observação aqui: **Platão** dizia que educar é ensinar o indivíduo a querer fazer o que ele deve fazer. Isso é motivar.

Já "entusiasmar" é diferente. O termo vem de *theos* (θεός, em grego), que significa "deus". Como os gregos eram panteístas e politeístas, usavam a palavra *enthousiasmos* (ενθουσιασμός), que significa "ter um deus dentro de si", para dizer que o indivíduo estava arrebatado pelos deuses. Eles iam então a Delfos para que, *entusiasmados* pela vidente, fossem capazes de fazer a colheita, apesar das adversidades do tempo, ou para que a batalha fosse vencida, apesar das forças inimigas. Ou seja, o entusiasmado acredita menos nas forças externas – nas notícias, nas opiniões alheias – e mais em si próprio, isto é, na sua capacidade de transformar a realidade.

É também distinto de otimismo. O otimista é reativo: "Ouvi o discurso do presidente ontem e fiquei otimista; li o jornal hoje e fiquei pessimista". Portanto, a motivação exige entusiasmo, mas não otimismo, que é apenas uma reação a um estímulo externo.

Mussak – A frase que você citou de Platão é uma decorrência da visão socrática – de quem ele foi discípulo – que dizia que educar é, acima de tudo, ensinar a pensar. E pensar o quê? Pensar a sua vida, os seus motivos para viver. Depois de ter trabalhado tanto tempo com educação, dediquei-me à medicina durante alguns anos e acabei percebendo que, na realidade, o que o médico deve fazer – além, é claro, de resolver o problema agudo do paciente – é motivá-lo a se cuidar, porque a imensa maioria das doenças tem um forte componente comportamental. Mas, para cuidar-se, a pessoa precisa encontrar um motivo para isso, como querer viver bem, querer ser feliz. Talvez pareça surpreendente, mas muitas pessoas atravessam a vida sem motivos para viver. Mais tarde, quando voltei para a educação, só que então dirigida ao meio corporativo, percebi o quanto esse fator é importante para as lideranças, dentro das organizações, a fim de que os resultados desejados sejam alcançados. Veja, Marins, é interessante observar que, para falar de motivação, a primeira referência histórica que você fez tenha sido aos gregos. Realmente é muito difícil não beber dessa fonte, pois para tratar de praticamente todos os assuntos acabamos nos remetendo a esse legado. Assim, eu queria ainda retomar sua observação sobre o Oráculo de Delfos, que era provavelmente o mais sábio de todos os oráculos, dedicado ao deus Apolo e construído na Ilha de Delfos. Pois havia uma inscrição na entrada principal do Oráculo em que se lia "Conhece-te a ti mesmo" – frase depois apropriada por **Sócrates** e que entrou para a história como se fosse de sua autoria, mas na verdade é anterior a ele. E vale a reflexão: por que havia essa inscrição na entrada? Porque a principal mensagem do Oráculo às pessoas que iam ali para conhecer seu futuro, para buscar o apoio dos deuses era: "Quer conhecer o seu futuro? Quer conhecer os verdadeiros motivos que vão levá-lo a construir seu futuro? Então, comece conhecendo-se a si mesmo". Ou seja, conheça seus valores, seus sonhos, suas potencialidades, seus medos e limites, para então conhecer o próprio destino. Havia ali as pitonisas, que exerciam um papel equivalente ao das cartomantes de hoje – liam a sorte e falavam sobre o futuro das pessoas. Mas os sacerdotes não gostavam disso, pois compreendiam que, para conhecer o futuro, cada um deve buscar conhecer a si mesmo. Ou seja, encontrar dentro de si os motivos para continuar vivendo e para construir seu futuro.

Marins – Sabe, Mussak, em meus estudos de antropologia, observei algo que derruba a ideia corrente de que haja necessidade de coisas novas, externas, para motivar o indivíduo. Minha pesquisa foi sobre os aborígenes australianos. Para quem não sabe, o povo aborígene é o mais primitivo entre os primitivos contemporâneos. O progresso deles foi praticamente nulo em 12.000 anos – tanto no que se refere à cultura material quanto à não material. Imagine o que é um povo que caça com o mesmo tipo de bumerangue e de lança há todo esse tempo! O indivíduo nasce dentro de um clã, de um sistema totêmico que ele sabe que não vai mudar até o fim de sua vida. Então, pergunto: como é que uma pessoa dessas – numa sociedade sem progresso, sem mudanças, que desconhece qualquer forma de habitação, de navegação etc. – pode ser motivada? Como esses indivíduos levam a vida? Pois é precisamente isso que vale a pena estudar. É bonito de ver. O motivo deles para viver é a própria vida, a essência da vida. Nós precisamos de coisas externas que nos motivem, precisamos de novidades: "quero comprar isso", "desejo viajar para tal lugar"... Mas eles não viajam, nem dependem de nenhum estímulo do gênero.

Mussak – Isso talvez se dê em razão do tipo de vida que levamos atualmente como ocidentais e urbanizados. Creio que o habitante desse mundo desenraizado de suas origens, que faz uso de muita tecnologia e avanços diversos da civilização, está muito mais alienado de sua relação com o meio ambiente do que o aborígene.

Marins – Exatamente, mas o meio dele é paupérrimo, semidesértico. Ele cava um buraco imenso só para pegar uma pequena iguana. Voltemos então à questão: como é que uma pessoa dessas vive? Qual a motivação? Em nossa sociedade, são necessários estímulos, aditivos, recompensas: "vamos lá, lute, faça diferente e você ganhará isto ou aquilo" etc. Mas eles não têm nada disso. No entanto, as pessoas são muito felizes e ativas. Veja outro exemplo: os índios brasileiros passam semanas fazendo cestaria com grande motivação. Já nós precisamos de renovação e velocidade para nos sentir motivados, não é!?

Quem é o roteirista de sua história?

Mussak – Marins, é verdade que a principal ou primeira motivação é a própria vida, ou seja, manter-se vivo e apreciar a vida; esse é um *leitmotiv* que se encontra em todos os povos, em todas as classes sociais, em todos os níveis de existência. Porém, o que varia é o conceito do que é manter-se vivo. Assim, para o aborígene, por exemplo, a manutenção da vida está ligada essencialmente à vida física.

Marins – Nem tanto. A mitologia aborígene é a mais rica que conheço. Para se ter uma ideia, é mais rica do que a mitologia grega. Os estudos realizados até hoje sobre o totemismo – como os de **Lévi-Strauss**, entre outros – mostram como o totemismo e a mitologia primitiva dos aborígenes australianos são riquíssimos. A cultura não material aborígene é grandiosa: o sistema de parentesco tem 32 subseções, além de todo o sistema totêmico e clânico. Na verdade, quanto mais pobre a cultura material, mais rica a não material.

Mussak – Você acredita que, em sua cultura, eles têm uma ligação com a metafísica também, e que essa metafísica serviria de elemento de motivação para justificar, garantir e explicar sua existência?

Marins – Certamente, pois, para entender a sociedade aborígene, é indispensável estudá-la do ponto de vista do totemismo, da mitologia e do sistema de clãs.

Mussak – É interessante abordar essa questão ao pensarmos sobre motivação. O estudo de **Jung**, por exemplo, que nos relaciona com os símbolos, analisa a ligação do homem com seus mitos, fenômeno universal. E talvez aí estejam algumas explicações de por que nós, ocidentais modernos, somos pobres em mitos.

Marins – Daí decorre que a nossa cultura material tenha de ser muito grande.

Mussak – Por isso acabamos criando símbolos mais palpáveis, mais concretos, porque desaprendemos a lidar com o metafísico, com o abstrato. Nós precisamos de conquistas, de objetos tangíveis.

Como você sabe, Marins, dou aulas em um MBA. Para provocar uma discussão costumo perguntar a meus alunos, que têm por volta de 30 anos: "Como vocês se veem daqui a 20 anos?". Eu coleciono essas respostas, porque entendo que ali se encontra o que orienta a motivação deles.

A maioria diz algo como: "Ah, daqui a 20 anos, eu me vejo dono da minha própria empresa". *Coisa*. "Eu me vejo morando num belo apartamento". *Coisa*. "Eu me vejo com uma casa de praia, dirigindo um carro importado, com dinheiro suficiente para viajar pela Europa duas vezes por ano". *Coisas*. Depois, estabeleço uma conversa com todos mostrando que, na verdade, eles informaram o que querem *ter* dentro de 20 anos. Lembro a eles então que, antes do ter, há outras motivações. A primeira delas seria: o que você quer *ser*? Como quer ser visto pelos demais e por si mesmo? Há quem gostaria de ser visto como uma pessoa culta; outros, como confiáveis, éticos; ou ainda como indivíduos que são sobretudo competentes, bons, saudáveis, divertidos etc. A segunda seria: o que você quer aprender nas próximas duas décadas? Que cursos gostaria de fazer, quais livros quer ler, que línguas quer dominar, e assim por diante. A terceira questão essencial para conhecer o que motiva o indivíduo seria: o que você quer fazer? O que gostaria de fazer com aquilo que aprendeu e com o que você é? Por exemplo, "quero trabalhar em tal coisa", "desejo desenvolver um projeto sobre *x*" ou "gostaria de trabalhar na empresa *y*". Tudo isso para, só então, chegar à questão do que cada um deseja *ter*. Os bens conquistados serão mera consequência dos passos anteriores. Vale ressaltar: não é que eu considere um erro ter esse tipo de ambição. Nossa sociedade se relaciona muito bem com o mundo material, com a ambição por possuir bens e recursos. Não há nada errado em querer ter, desde que esse desejo implique querer ser, aprender e fazer. O errado seria querer ter sem visitar as dimensões anteriores, você não acha?

Marins – Acho que é aí, Eugenio, que se encontra a ligação entre motivação e vontade, entre inteligência e vontade. Em alguns textos antigos de motivação vê-se que ela está sempre ligada à vontade. Os pré-socráticos diziam que a inteligência é o farol que ilumina nosso caminho. Penso que é com seu auxílio que o indivíduo descobre os seus motivos. É preciso, portanto, ter uma vontade que reforce o que nos motiva, para trilhar o caminho que a minha inteligência, como um farol, me mostrou. Para tanto são necessárias algumas qualidades que estão diretamente ligadas à motivação: perseverança, determinação e disciplina. Esses são os componentes pragmáticos da motivação. Uma vez definidos os motivos – ou, como se diz, uma vez definido seu papel na novela da sua vida –, cabe a cada um cumprir seu papel. Atenção: falo do papel que cada um escreveu para si mesmo, isto é, seus motivos para viver, ou, como você disse há pouco, "o que você quer ser daqui a 20 anos". Escrevo um papel para um ator que sou eu mesmo na minha vida.

Mussak – Você como roteirista do papel que vai desempenhar.

Marins – Exatamente. Eu sou o roteirista da minha vida. Porque, caso não seja eu mesmo, alguém vai ser, não é verdade?

Mussak – Alguém vai escrevê-lo, pois não se pode interpretar um papel sem ter um roteiro. Assim é a vida, ainda que não tenhamos consciência disso.

Marins – Isso é o que chamo de desmotivação: por não ter os próprios motivos, você será obrigado a deixar que outros escrevam o papel que você vai desempenhar. Sempre haverá quem o faça, porque estou vivo, atuando. Da mesma forma, se eu não for o diretor da minha vida, alguém vai ser.

Mussak – Quem vai criar o cenário, fazer a fotografia...

Marins – Alguém ocupará essas posições. É aí que se encontra a motivação. Como dizem os franceses, *jouer votre rôle*; ou seja, não basta ter o papel, é preciso desempenhá-lo. É aqui que reside a importância da vontade e da disciplina. O vir a ser é muito bonito, mas e o agir? Como Thomas **Hobbes** registrou em seu livro *Leviatã*, de 1651: "*primum vivere, deinde philosophare*" – primeiro viver, depois filosofar.

O que ocasiona a desmotivação? Por vezes ouvimos um comentário assim sobre alguém: "Ah, ele é um filósofo, ele só sonha fazer...". O problema é que não raro esse indivíduo não concretiza seus sonhos, porque não disciplina sua vontade para executar aquilo que tanto deseja. O que falta a essa pessoa? Geralmente se diz: "Ele tem boas ideias, mas falta motivação". O que as pessoas querem dizer com isso? Elas estão observando que lhe falta agir; falta transformar aqueles sonhos em ação, e ação em resultado.

Inteligência e vontade

Mussak – Nos últimos anos, tenho me debruçado sobre a questão da inteligência humana. Quando estudei medicina na década de 1970, acreditava-se que o indivíduo nascia e morria com um mesmo *quantum* de inteligência. Até que, em 1978, Howard **Gardner**, criador da ideia das inteligências múltiplas, recebeu a seguinte consulta de uma empresa americana: "Professor, o que podemos fazer para desenvolver nosso pessoal"? Ao que ele respondeu: "O único caminho é desenvolver a inteligência de cada um". Na época, essa resposta foi surpreendente, pois ninguém pensava que isso fosse possível. Essa foi, portanto, sua primeira lição para nós: é possível desenvolver a inteligência de uma pessoa. A seguir, ele cria a teoria das inteligências múltiplas, na qual descreve inicialmente sete categorias, mas ele já ampliou esse número.

Marins – Há pouco tempo fiz um curso com o professor Gardner em que ele já falava em oito tipos e meio de inteligência. Perguntaram "mas como oito *e meio*?" e ele respondeu "estou descobrindo o nono", mas não disse de qual tipo se tratava.

Mussak – Boa essa colocação do Gardner. Seu conceito está em evolução. Originalmente os sete tipos iniciais de inteligência eram: a lógico-matemática, a linguística (ou verbal), a musical, a visual/espacial, a corporal-sinestésica, a interpessoal e a intrapessoal – sendo que estas duas últimas são as mais valorizadas atualmente. Recentemente os estudos indicaram que há pelo menos mais duas: a inteligência naturalista, que é a capacidade de se relacionar e conviver com os ambientes naturais, e a inteligência espiritual (ou existencialista), que seria a nona, abrangeria a capacidade de se relacionar com a dimensão metafísica.

Contudo, eu comecei a falar desse tema porque desejo retomar a ideia original de Howard Gardner, que era a ampliação da inteligência.

Marins – E da neuroplasticidade.

Mussak – Exatamente, a neuroplasticidade, que provavelmente é o aspecto mais fascinante da neurociência. O neurocientista russo radicado nos Estados Unidos Elkhonon **Goldberg** tem um livro fantástico chamado *O paradoxo da sabedoria*, em que ele afirma que o nosso cérebro vai envelhecer, mas não é necessário que nós percamos sabedoria. Ele defende que, pelo contrário, o envelhecimento do cérebro pode aumentar nossa sabedoria desde que usemos nossa capacidade mental.

Enfim, tenho gostado de estudar os conceitos, as definições de inteligência. Há uma definição que se encaixa com o que você disse há pouco: "Inteligência é a capacidade de usar as faculdades mentais para produzir benefício". Em outras palavras, não basta o indivíduo ter inteligência para ser inteligente. É preciso usá-la. É aqui que entra o conceito de vontade – que é uma espécie de força interior. Diferentemente, o desejo é algo original – não é necessário pensar para ter desejo. Nossos três desejos básicos são comer, descansar e fazer sexo.

Marins – Penso que essas são nossas necessidades básicas. Eu não as classificaria como desejos.

Mussak – Mas, veja que elas se transformam em desejos na medida em que se vinculam ao prazer.

Marins – Não estou totalmente de acordo. Se pensarmos em **Aristóteles**, e retomando conceitos da filosofia: o que é "necessidade"? É tudo aquilo sem o que não se vive. Por exemplo, ninguém pode decidir não comer, não beber líquidos, não dormir. Se uma pessoa resolver não saciar tais necessidades básicas por um período prolongado, ela morrerá. Já o desejo não é tão imperativo para a sobrevivência – imaginemos, por exemplo, frases que facilmente se ouve por aí: "Eu morro se não for para Disney"; "Vou morrer se não comprar essa bolsa". Naturalmente isso não é verdade, ninguém morre por não ter seus desejos satisfeitos. Por isso distingo desejos de necessidades.

Mussak – Permita-me demonstrar a relação entre sua maneira de ver e a minha, pois creio que vamos chegar a um ponto em comum.

Nós somos motivados, basicamente, por dois grandes fatores: evitar sofrimento e obter prazer. A evolução da tese do psicólogo norte-americano Abraham **Maslow**, que surgiu por volta da década de 1950, levou-nos a combinar as noções de necessidade e desejo. Ou seja, a própria natureza, ao querer nos manter vivos e manter viva a nossa espécie, dotou essas necessidades do componente do prazer. Desse modo, a necessidade se confunde com o desejo. Tanto é assim que o desejo está ligado àquilo que dá prazer ao indivíduo. E, às vezes, para obter prazer, não nos importamos de sofrer um pouco. As pessoas aceitam certa dose de sofrimento se vislumbrarem o prazer, a recompensa logo adiante.

Já a vontade é diferente. Se para ter um desejo – ou para atender uma necessidade, como queira –, não é preciso pensar, pois trata-se de algo absolutamente automático, da nossa natureza, para ter vontade é indispensável um esforço racional. Em resumo, a vontade está ligada ao pensamento.

Marins – Acho que a inteligência não é livre. A liberdade, que é o maior atributo do ser humano, não é atributo da inteligência. Por exemplo: se eu experimentar pela sensação que o fogo queima, não há como minha inteligência me levar a acreditar que o fogo não queima. Ela não tem essa liberdade, entende? Quer dizer, uma vez conhecida a verdade, a inteligência perdeu a liberdade.

Já a vontade é livre. Veja, por que greve de fome é algo tão significativo simbolicamente? Porque nossa fisiologia nos obriga a comer. O instinto de sobrevivência provoca a sensação de fome, e a inteligência nos permite saber que, se não comer, o indivíduo morre. O ser humano é o único animal que eventualmente – por algo que considere uma boa razão, uma boa causa – é capaz de fazer isso. Obviamente ninguém nunca viu um gato fazer greve de fome contra a qualidade do leite.

Esse é o principal motivo por que alguns atos humanos impressionam tanto: eles mostram nossa capacidade de agir contra a própria natureza, quando a vontade supera nossas limitações ou as exigências de nossa natureza. Do mesmo modo, por que as Olimpíadas são tão simbólicas? O que elas representam? Trata-se do espetáculo do ser humano vencendo a si próprio. Qual será o máximo que o homem será capaz de correr, de saltar, de nadar?

Mussak – Não sabemos e provavelmente nunca saberemos. Aliás, esse é um assunto que sempre intrigou o ser humano, pois desde que as Olimpíadas foram criadas, na antiga Grécia, o homem confronta seus limites. Cada vez que se reuniam para competir, em frente ao Monte Olimpo, que eles acreditavam ser a morada dos deuses, os gregos procuravam se superar, segundo o lema: "Mais rápido, mais alto, mais forte" – incorporado depois pelos romanos, que diziam "Citius, altius, fortius", definindo que sempre poderemos mais. Lembro que, nos Jogos Olímpicos de Pequim, só na natação foram quebrados 38 recordes, e muitos deles já foram ultrapassados em outras competições. Qual é o limite do homem? Recentemente, Cesar Cielo nadou 100 metros abaixo de 47 segundos. Foi o primeiro a fazer isso, mas quando este livro estiver nas mãos do leitor talvez essa marca já tenha sido superada.

Marins – Pois é. Você sabe que ouvi numa palestra nos Estados Unidos, certa feita, que um fisioterapeuta americano da década de 1930 escreveu um livro em que estipulava as marcas que o homem seria capaz de alcançar no salto, na corrida etc. Dez anos depois o ser humano já havia ultrapassado todas elas. E continua batendo recordes. Quer dizer, o que é a ciência? É expressão da inteligência ou da vontade? Na realidade, isso é resultado da ciência, da vontade, da pesquisa, do esforço motivado do ser humano em direção a alguma coisa.

Lembro-me de um pesquisador numa universidade em que lecionei que ficou 12 anos contando drosófilas (para quem não sabe, esse é o nome científico da mosca das frutas) no microscópio. A genética tem como base o estudo dessa mosca. Pois bem, ele acabou ficando ruim da vista, teve uma vida dura, preso no laboratório. Por fim, escreveu um artigo famoso, ganhou prêmios. Muitos diziam: "Que sorte!", mas e os 12 anos que ele passou contando drosófilas no microscópio? Enfim, ele podia ser muito inteligente, mas se não dedicasse tantos anos e não tivesse a disciplina necessária, não teria atingido seu objetivo, não teria alcançado o resultado que buscava. Portanto, o resultado que podemos obter depende mais da disciplina e da vontade, do que da inteligência (afinal, com oito ou nove tipos de inteligência identificados, foi decretado o fim da burrice. Se alguém lhe disser "você é burro", sempre se pode explicar "meu tipo de inteligência é outro", não é verdade? Em um dos nove tipos a gente se encaixa. Burrice é uma ideia ultrapassada).

Mussak – Sabe, Marins, na época em que exercia medicina, fui a um congresso em Foz do Iguaçu em que um dos palestrantes era Albert **Sabin**, o criador da vacina contra a poliomielite. Ao final de sua exposição, alguém perguntou quantos anos ele havia dedicado ao desenvolvimento dessa vacina. Eu me lembro com clareza que ele pensou um pouco – fechando os olhos por um instante, suponho que para fazer um cálculo rápido – e disse: "Olha, fechado no meu laboratório, foram 35 anos". Nesse momento me lembrei de um trecho do livro *Ética a Nicômaco*, de Aristóteles, quando ele observa que o que difere o comum do especial é a vontade, que passa, então, a ser interpretada como um tipo de força. Aliás, não gosto muito da expressão "força de vontade" porque a considero redundante, uma vez que vontade é, em si mesma, um tipo de força.

Em síntese, concordo plenamente com você no que se refere à vontade, pois ao falar sobre motivação, não temos como escapar de trazer à tona a questão da vontade, que resulta, de fato, no grande fator motivacional do ser humano.

Marins – Sempre lembrando que a vontade tem de estar associada à disciplina, para que se mantenha o foco no objetivo desejado. Agora, pergunto: o que é disciplina?

Por exemplo: se o João quer ir de São Paulo a Curitiba pela estrada, tem de pegar a Regis Bittencourt, a BR-116, que leva a Curitiba. Pode-se argumentar: "Ah, mas a Dutra tem asfalto novo, ambulância etc., a estrada é muito melhor...". Certo, é verdade, mas para onde o João quer ir? A Dutra vai para o Rio de Janeiro, não para Curitiba. Acontece a mesma coisa com a motivação. Há pessoas que desejam alcançar um determinado objetivo, mas tomam um caminho que as leva a outros destinos.

É preciso ser disciplinado em relação ao foco que se quer atingir. A disciplina da vontade é o que distingue as pessoas realmente motivadas das outras. Todos nós enfrentamos situações de escolha – os chamados *trade-offs*. Aqui surge outro conceito: as dissonâncias cognitivas. Quando se tem de escolher entre duas possibilidades, uma boa e outra ruim, é canja, opta-se pela boa. Mas e quando temos de decidir entre duas alternativas e não é possível, naquele momento, saber qual será melhor? Ou quando a escolha é entre duas coisas que se deseja? Será necessário saber abrir mão de uma delas. Não se pode comer o bolo e ficar com o bolo, esse é o drama da vida. Quer dizer, a vida se resume a comer o bolo *ou* ficar com o bolo, é preciso optar. Nessa circunstância percebe-se claramente a dissonância cognitiva. O que fazer? Entre alternativas igualmente boas, que são igualmente desejadas, como optar por uma? Enfim, a vida está repleta de momentos em que temos de abrir mão de coisas que desejamos. Como eu estava dizendo, considero a disciplina da vontade um atributo da motivação. É necessário que os motivos sejam muito fortes – por isso digo que é um traço racional, Eugenio. É indispensável ter motivos bem definidos e realmente fortes para que o indivíduo consiga manter o foco, abandonando as outras possibilidades. O foco facilita que, num processo de dissonância cognitiva, se opere a escolha, mesmo quando as alternativas são igualmente boas, desejadas etc. É a razão que vai ponderar: "Vejamos, se posso obter vantagens com a opção 1 no curto prazo, a opção 2 apresenta-se mais promissora no longo prazo" etc. O que é melhor? Afinal, sempre há alguma diferença, alguma implicação a ser considerada.

Mussak – Uma circunstância típica do que você está dizendo é quando, por exemplo, alguém está diante de duas ofertas de trabalho. Se há certa similitude nas condições, não dá para ter 100% de certeza de qual será melhor, porque há fatores como ambiente de trabalho e várias outras características que não é possível antever.

Marins – Como você falou no começo de nosso bate-papo, o que cada um quer ser daqui a 20 anos, como quer ser visto são os dados mais importantes para nossas tomadas de decisão. Mesmo porque, como o ser humano é gregário, é um ser social – como dizia Aristóteles –, as decisões e a forma de viver nunca envolvem apenas o indivíduo, mas também a sociedade. Como serei visto? Nossa imagem social conta bastante em nossas tomadas de decisão, mesmo que não o percebamos. Estamos sempre buscando um equilíbrio entre o nosso desejo pessoal e a imagem que os outros terão de nós, sobretudo o grupo chamado de "outros significativos", isto é, as pessoas mais próximas, mais queridas. Ninguém diria: "Sou assim mesmo, sou malcriado, grosso, não dou bola, podem pensar o que quiserem de mim...".

Mussak – Isso é a síndrome da Gabriela: "Eu nasci assim / Eu sou mesmo assim / Vou ser sempre assim...".

Marins – É verdade. Felizmente, isso não existe. Somos gregários e sensíveis às pessoas e circunstâncias que nos cercam.

Mussak – O filósofo espanhol **Ortega y Gasset** disse que "o homem é o homem e sua circunstância". Essa foi sua maneira de expressar o fato de que nós nunca somos analisados independentemente do que fazemos, da vida que construímos e da influência que exercemos sobre os outros.

Motivação para quê?

Marins – Falemos agora um pouco sobre a questão do desempenho, da qualidade de nosso trabalho. Tenho um ótimo exemplo sobre o assunto: o Oscar Schmidt. Um dia, em uma palestra a respeito dos resultados que ele obteve no basquete, perguntaram: "Você tem muita sorte, não tem?". Ele respondeu à questão de uma maneira que me pareceu sensacional: "Tenho sorte, sim. Mas reparei uma coisa: quanto mais treinava, mais sorte eu tinha". A Hortência, também jogadora de basquete, é outro exemplo. Foi o Vendramini, técnico dela durante um certo período, quem me contou essa história. Ele me disse que, terminado o treino, muitas vezes ela continuava praticando com o auxílio de um menino com síndrome de Down. Ela ficava fazendo centenas de arremessos, com esse menino passando a bola para ela. Perguntei por que especificamente com esse menino. E fiquei sabendo que ele tinha muita força nos braços. Ficavam apenas os dois na quadra, depois do treino, as outras jogadoras deixavam o ginásio de esportes. A própria Hortência confirmou: "Ele joga a bola como se fosse num jogo, como se fosse uma jogadora. É impressionante a força que ele tem. E eu dou 400 arremessos todo dia depois do treino". Se você perguntar quem mais fazia isso, parece que eram o Oscar e a Paula. Em resumo, claro que é preciso ter talento, mas, sem a disciplina, talento só não basta.

Mussak – O esporte realmente nos dá muito material para reflexão sobre o desempenho profissional. Certa vez li um texto do Armando **Nogueira** – que acabou de nos deixar e que, mais que um jornalista, foi um filósofo do futebol e do comportamento humano –, em que ele contava sobre os treinos do Santos que ia assistir lá na Vila Belmiro. Certa vez ele reparou que, terminado o treino, todos os jogadores se retiravam para o vestiário, menos o Pelé. O Pelé pegava uma cesta de bolas, ia para o meio do campo e ficava treinando os tiros de longa distância. E ele pensou: "Puxa vida, ele é o que menos precisa, afinal de contas, ele é o Pelé". De repente, deu-se conta de que ele era o Pelé exatamente porque continuava praticando mesmo depois de terminado o treino. Assim como o Oscar e tantos outros. Gostaria agora apenas de retomar um tema: concordo que a vontade é fator decisivo para que objetivos sejam atingidos e que se trata de parte integrante da motivação. A disciplina, embora seja um traço de personalidade, também pode ser aprendida, mas um fator que me preocupa atualmente é a falta de objetivos claros, especialmente nos mais jovens. E talvez isso aconteça exatamente por essa dissonância cognitiva a que você se referiu há pouco – um assunto importantíssimo no estudo da motivação –, em virtude do excesso de opções. Vivemos hoje numa sociedade em que a variedade de opções em todas as áreas é tão grande que chega a confundir.

Marins – É verdade. Até poucas décadas atrás as opções de curso universitário eram basicamente direito, engenharia, medicina ou odontologia.

Mussak – Isso, na questão profissional, mas também era assim em muitas outras áreas. Até na compra do automóvel, antes havia cerca de meia dúzia de modelos. Hoje, há uma imensa quantidade de opções de compra, de lazer, de profissão etc. E, no campo das profissões, atualmente existem dezenas ou centenas de decisões para tomar em termos de especialização. Isso cria uma ansiedade muito grande nos jovens, derivada exatamente da necessidade de tomar decisões, porque sabemos que, ao decidir por um caminho, teremos de abrir mão não de um, mas de todos os outros trajetos possíveis. *Todo processo de escolha significa muito mais renúncia do que conquista.* Isso pode criar um trauma em relação à tomada de decisões, levando o indivíduo a postergá-las, sempre que possível, e às vezes até a certa confusão mental que o acompanha a vida inteira. Com frequência as pessoas não sabem o que querem e, por isso, não conseguem se motivar de verdade para fazer o que devem. Elas acabam não desenvolvendo a vontade necessária, a disciplina imprescindível para trilhar o caminho. Então, talvez, a verdadeira motivação venha de uma tomada de decisão consciente: "É isso que eu quero para mim". O "como" será consequência, vem depois. Primeiro vem o "que", que é a grande pergunta que temos de nos fazer.

Marins – Uma questão interessante a ser observada é que temos, na sociedade ocidental contemporânea, mecanismos culturais de educação da inteligência, como as universidades, as faculdades, vários tipos de cursos, mas não temos mecanismos culturais de educação da vontade. Como você disse, pode-se treiná-la, mas cada um terá que treinar sua própria vontade, pois não temos mecanismos culturais voltados para esse fim. Lembrando que Platão dizia que educar é ensinar o indivíduo a querer fazer o que ele deve fazer, fico pensando se nós, nas nossas escolas, nos nossos sistemas, educamos a vontade.

Penso que estamos testemunhando uma volta dos estudos de filosofia, nos últimos tempos, com o aparecimento de vários filósofos contemporâneos. Eu não imaginava que algo assim ocorreria. Algum tempo atrás, os cursos de filosofia estavam vazios, havia pouco interesse. Mas por que então essa tendência agora? Parece que a sociedade está sentindo necessidade de buscar fundamentos filosóficos para nossa realidade presente.

Por exemplo, vejamos a questão da diferença filosófica entre necessidade e desejo, ofensa e dano. A falta de definições claras está minando a sociedade. Se a Maria for bailarina e eu pisar no pé dela, ocasionando uma fratura, ela não poderá dançar. Eu infligi um dano a ela e devo indenizá-la pelos dias parados. Mas se o João me chamar de baixinho, gordo ou feio, isso não é dano, é uma ofensa. Depende de mim como eu tomo o que as pessoas me dizem. Ofensa não é dano. Quando a sociedade transforma todas as ofensas em dano, está caracterizada uma situação de confusão de conceitos.

Existem algumas histórias que exemplificam isso. Uma delas é a atribuída ao famoso maestro alemão Von Karajan, não sei se você conhece: ele vinha caminhando em direção a uma esquina cega (em que não é possível ver se alguém vem em sentido contrário) e dá um encontrão com um homem. Ele cai para trás e o sujeito lhe diz: "Imbecil, imbecil", ao que ele retruca: "Muito prazer! Von Karajan". Quer dizer, ele pode ter tido a intenção de ofender o maestro, mas como ofensa depende também de quem a recebe, sempre há a opção de não se sentir ofendido, pois não envolve dano. E, com bom humor, o maestro transformou uma ofensa numa não ofensa para ele, pois não a aceitou como tal. Outra é a história da mulher que está dirigindo seu carro numa estrada de sítio e cruza com um homem na direção contrária que grita ao passar por ela: "Vaca, vaca, vaca". Ela, indignada, grita de volta: "Porco, porco, porco". Cem metros depois, ela bate numa vaca. Ou seja, o homem não a estava xingando, só estava avisando que mais adiante havia uma vaca na estrada.

Em síntese, a ofensa depende de quem a recebe, não é dano. Contudo, quando a sociedade não tem conceitos claros, começa a confundi-los.

Mussak – E tudo isso se reflete na educação das crianças e dos jovens. As novas gerações não têm como fazer a distinção entre valores e conceitos que estão misturados na sociedade em que vivem. E acho que a vontade pode, sim, ser fruto da educação, considerando a educação como incentivadora do pensamento, e não apenas uma técnica para passar conhecimento. A afirmação "conhecimento é poder", de Francis **Bacon**, deveria ser modificada, pois o verdadeiro poder vem do uso do conhecimento e não dele em si mesmo, e nessa diferença vamos encontrar a vontade, que é a força propulsora das ações. Agrada-me a visão dos pais que investem em uma educação voltada para o conhecimento, para a vontade e para os valores, pois esse é o tripé capaz de sustentar o mundo que queremos.

Marins – De fato. Há algum tempo, num congresso de educação em Sorocaba, a professora Tânia **Zagury**, da Universidade Federal do Rio de Janeiro, relatou que fez uma pesquisa em que pôde observar uma interessante alteração de expectativa dos pais de diferentes gerações. Quando perguntados sobre o que desejavam para seus filhos, os pais de pessoas mais velhas (nascidas, digamos, até a década de

1960) diziam algo como: "Espero que sejam pessoas de bem", enquanto os de gerações mais recentes respondiam: "Quero que meus filhos sejam felizes". Mas o que é uma criança de oito anos feliz? Se alguém quer formar uma pessoa de bem, sabe como polir esse diamante – por exemplo, dizendo: "Você não vai sair com essa pessoa porque ela não é companhia para você". Sua motivação como pai ou mãe na educação da criança é torná-la uma pessoa de bem. Agora, se minha filha de 15 anos não vai a uma balada, eu a estou deixando infeliz. Se procuro que aprenda inglês, música, computação etc. e ela fica infeliz, ao concordar que ela não faça tais cursos, eu, como pai e responsável, não educo sua vontade, porque meu objetivo não é fazer uma pessoa de bem, mas mantê-la sempre "feliz". Desse modo, não estou pensando em seu futuro, mas em sua satisfação ou prazer imediatos. Mas o que é ser feliz para uma criança, para um jovem? Você acha que uma criança de 12 anos acorda cedo e vai para a escola de inglês ou de espanhol e é feliz? Parece que é assim que começamos a criar uma geração que não terá força de vontade. Há uma fraqueza no domínio da vontade, pois os jovens não aprenderam a dominá-la, a passar privações em prol de um objetivo maior. Como pais, todos nós temos algum sentimento de culpa em relação aos filhos. Isso ocorre, por exemplo, quando não lhes damos o que eles querem e que podemos dar. Sem ter de conquistar aquilo que desejam, como os jovens vão aprender a disciplinar sua vontade?

Mussak – O psiquiatra e educador Içami **Tiba**, em seu livro *Quem ama, educa! Formando cidadãos éticos*, faz referência a um poema japonês sobre felicidade que diz: "*Os pais podem dar alegria e satisfação a um filho, mas não há como lhe dar felicidade. Os pais podem aliviar sofrimentos enchendo-o de presentes, mas não há como lhe comprar felicidade. Os pais podem ser muito bem-sucedidos e felizes, mas não há como lhe emprestar felicidade. Mas os pais podem, aos filhos, dar muito amor, carinho e respeito. Ensinar tolerância, solidariedade e cidadania. Exigir reciprocidade, disciplina e religiosidade*". Gosto muito desse pensamento, e acho que é sobre isso que estamos falando, não?

Marins – Exato, e trata-se, sem dúvida, de uma belíssima reflexão do doutor Içami Tiba.

Mussak – É verdade. Outro pesquisador que desenvolveu estudos sobre a educação e o desenvolvimento foi Daniel **Goleman**. Ele realizou uma pesquisa, bem conhecida, em que reuniu algumas crianças em uma sala e lhes ofereceu um doce, explicando que teria de se ausentar por algum tempo, mas, quando voltasse, daria um segundo doce para aquelas que ainda não tivessem comido sua guloseima. Entre as crianças menores, cerca de 80% comeram o doce porque não foram capazes de postergar o prazer. Sua vontade não foi suficiente para criar um projeto que traria uma vantagem evidente. Claro, eram crianças e não podemos exigir delas uma postura de grande consciência e lógica, mas é um bom exemplo de como funcionamos quando não amadurecemos, tanto no aspecto da lógica quanto no das emoções.

Marins – Essa foi a base do estudo da inteligência emocional. Posteriormente, ele fez um estudo complementar em que verificou que as crianças que foram capazes de esperar foram mais bem-sucedidas na vida profissional e na pessoal. Daí conclui-se que ser capaz de postergar o prazer é um indicativo de maior equilíbrio emocional.

Mussak – Devemos apenas fazer uma ressalva: naturalmente pode haver, entre as crianças, aquelas que não desejam dois doces. Ou seja, há pessoas que só querem aquilo mesmo, não estão buscando mais...

Marins – Sem dúvida. Escrevi um artigo intitulado "O direito de não ser o primeiro", em que discuto essa ideia. O indivíduo talvez não queira ser o presidente da empresa. Uma editora portuguesa certa vez me disse assim: "Faço o que gosto. Gosto de pegar um livro e trabalhar nele durante um ano e meio. Faço isso e sou feliz. Já quiseram que eu fosse gerente, diretora... Jamais vou ser isso na vida, não quero".

Mussak – No ano passado estive com a Luciana, minha mulher, no sul da França, perto de Aix-en-Provence, num hotel de cinco quartos, chamado Domaine de Mejeans. Provavelmente foi o melhor hotel em que já me hospedei até hoje. Pela estrutura acolhedora, elegante e, acima de tudo, pelo serviço eficiente e gentil, muito acima da média. Fiquei encantado com tudo aquilo. Conversando com a proprietária, sugeri que ela poderia fazer seu hotel crescer ou, quem sabe, ter outros. Ela me indagou: "Para quê? Já consegui o que queria, que é exatamente este hotel de cinco quartos. Não pretendo ter o sexto quarto, nem um segundo hotel, pois, além deste objetivo que já atingi, de ter este hotel, o único outro é mantê-lo, com serviços de qualidade, melhorando sempre, mas não fazendo-o crescer.

Isso também me fez lembrar do livro *Você é do tamanho de seus sonhos*, de César **Souza**. Há uma passagem muito interessante em que ele conta que, certa ocasião, estava na Confeitaria Colombo no Rio de Janeiro e, pesquisando sobre o sonho das pessoas, perguntou para o garçom, que tinha vindo do Nordeste, qual era o grande sonho da sua vida. O garçom pensou um pouco e disse que já estava realizando seu sonho, porque sempre desejara ir para o Rio de Janeiro e ser garçom da Colombo. Enfim, ele já estava vivendo seu sonho. Foi assim que nosso amigo César Souza criou aquela expressão de que a fita métrica do sonho está dentro da cabeça de cada um. A vontade é direcionada pelo desejo de se vivenciar o sonho. O que me preocupa é que, com frequência, as pessoas não sabem qual é o seu sonho. Muitas vezes é daí que surge a falta de motivação. Ou seja, o problema de muitos não é realizar seus sonhos, mas descobri-los.

Marins – Acho que existem modelos. Por exemplo, existe o modelo americano de sociedade de sucesso e o modelo europeu. Nós, no Brasil, vivemos segundo o modelo europeu por muito tempo. Em nossas universidades era comum ter professores de formação acadêmica francesa. O modelo europeu é o do crescimento mais lento, mas duradouro, pensando sempre no longo prazo. Já o modelo americano é expandir, crescer e enriquecer no menor tempo possível, para dar retorno imediato aos acionistas.

Depois da Segunda Guerra, mais ou menos a partir dos anos 1950, começamos a ter maior contato com o modelo americano de sucesso.

Mussak – Eu, por exemplo, estudei medicina em livros de autores brasileiros, claro, mas também de autores franceses, principalmente em anatomia e fisiologia, e hoje, até onde eu sei, as referências são essencialmente americanas. No mundo da gestão ocorre o mesmo: quase só temos literaturas, métodos e modelos de sucesso que, embora tenham virtudes inegáveis, privilegiam a velocidade e consideram menos a sustentabilidade.

Marins – Pois é. Hoje, a pessoa liga a televisão e vê alguém que fez uma IPO (*Initial Public Offering*) e ganhou

US$ 20 milhões do dia para a noite – o que, naturalmente, influencia nossa maneira de pensar o que é o sucesso. Acabamos criando, na juventude, esse modelo de sucesso rápido, que transmite a ideia de ascensão instantânea, sem esforço. No ano passado, a Fundação Luiz Almeida Marins Filho promoveu uma mesa-redonda com 20 cientistas, pesquisadores, professores universitários. Um aspecto importante do evento foi divulgar para os professores do ensino fundamental e do ensino médio que o cientista não é simplesmente um pobre *nerd*, um infeliz. Não se trata de alguém que não deu certo na vida e teve de se enfurnar no laboratório pelo resto da vida. Pelo contrário. Os professores ficaram surpresos ao ouvir os cientistas falando de bioluminescência, falando disso, falando daquilo. São pessoas que já viajaram por diversos países, frequentemente vão a congressos, mantêm-se atualizadas e conectadas com o mundo. Isso levou os participantes a se perguntarem por que, na atualidade, é majoritária a opção por cursos como marketing, publicidade, jornalismo, administração de empresas... E engenharia, física, química, matemática, pesquisa básica em medicina e farmacologia? A escola precisa mostrar esse outro modelo de sucesso ligado ao mundo da ciência, ao desenvolvimento da sociedade do conhecimento – enfim, ao que é mais essencial, diferentemente do universo do acidental.

Mussak – Sua exposição me trouxe à memória o filme *A festa de Babette*. Sucintamente, trata-se da história de uma francesa que vai trabalhar como empregada doméstica em um vilarejo dinamarquês, em 1871, na casa de duas senhoras que são irmãs e muito religiosas (filhas de um pastor já falecido). Depois de vários anos ali, ela ganha um bom prêmio na loteria. Ela volta à França para receber seu prêmio, mas, ao contrário do que imaginavam as irmãs, ela retorna e traz consigo produtos de culinária para oferecer um banquete a suas patroas e seus convidados. Babette faz então o banquete mais espetacular que se possa imaginar. Todos ficam extasiados com aquela refeição ímpar. Só depois da festa, as irmãs descobrem que Babette havia gastado todo o dinheiro do prêmio naquele banquete espetacular. Surpresa, uma delas pergunta por que ela havia feito isso se tinha a oportunidade de ser rica, por que ela havia decidido fazer tal festa se, com isso, voltaria a ser pobre. Ela diz, então, a frase mais maravilhosa do filme, algo assim: "Um artista nunca é pobre porque tem sua arte. E quem tem a arte não é pobre". O que você dizia há pouco, referindo-se à ciência, coloca-a como arte.

Qual é sua escala de valores?

Mussak – Certa vez me perguntaram: "A motivação não acaba quando a pessoa atinge seu objetivo?". Efetivamente, costumamos associar a motivação com objetivos a serem alcançados. E uma vez atingido o objetivo, será que a motivação desaparece? A resposta é: isso dependerá principalmente do nível de consciência da pessoa. Ao alcançar sua meta inicial, ela terá então, à frente, um horizonte de novas possibilidades. Uma delas é a ampliação ou o aprofundamento daquela pretensão. Por exemplo, digamos que meu objetivo era o de ser professor. Uma vez alcançado, meu segundo objetivo é ser um educador cada vez melhor, o que implica não só ampliar meus conhecimentos, mas também aperfeiçoar minha arte de ensinar. Esse é meu principal objetivo hoje, que muito me motiva: poder transmitir minha experiência e conhecer os pontos de vista de um número crescente de pessoas, expondo minhas ideias de maneira cada vez mais clara, eficiente e nobre. Portanto, motivação não se esgota no atingimento do objetivo, que pode ser sempre ampliado. Não é preciso sequer haver um segundo objetivo. Nossas metas podem ser simplesmente ampliadas, transformadas em algo maior e mais belo. Vale lembrar, porém, que é muito significativa a diferença de modelos que pontuamos anteriormente: o proveniente da cultura europeia, em que o objetivo tende a ser de caráter qualitativo, em contraposição ao modelo americano, em que o objetivo é preponderantemente quantitativo. Talvez este seja o momento de buscar, sobretudo por intermédio da educação, um caminho do meio que mostre que não há nenhum problema em querer *mais*, desde que querer *melhor*, querer fazer o bem seja a prioridade.

Marins – Um bom exemplo do que você acaba de dizer são os moradores das pequenas cidades europeias do interior. Não sei se é verdade, mas ouvi certa vez uma estatística de que mais de 80% deles nunca se distanciaram mais de 100 quilômetros de sua cidade natal. Quer dizer, a pessoa nasce e vive ali naquele vilarejo por toda a sua existência. Há gerações de vinicultores franceses – de Chablis, por exemplo, para citar um conhecido centro de produção de vinhos – que moram naquela região, fazendo a mesma coisa, há alguns séculos.

Mussak – E não se fale para eles de inovação. Para essas pessoas, a inovação não é um valor no sentido em que é entendida por aqui. Para muitos deles, o mais importante é a tradição. Foi o que eu presenciei naquele pequeno hotel a que me referi há pouco. As refeições são preparadas pela própria família, que faz questão de dizer que retirou ingredientes da própria horta ou os comprou nos melhores fornecedores da região, todos amigos, como pertencentes a uma grande família. É uma tradição que está dando certo e eles estão sempre motivados para fazer cada vez melhor. Lembro-me com carinho do orgulho que eles demonstravam ao servir uma salada de folhas com um *petit camembert* quente, produzido ali mesmo.

Marins – Nesse sentido, sabe o que me parece muito interessante? Acho que essas pessoas distinguem claramente entre o transitório e o permanente – algo que considero fundamental para entender a motivação. Quando alguém joga todas as fichas em objetivos efêmeros, quando eles passam, a motivação acaba e a pessoa se vê perdida, *des-motivada*. Vamos imaginar o presidente de uma grande multinacional que jogou todas as suas fichas em sua carreira. Um dia ele se aposenta. Ele, habituado ao poder, deixa aquela posição. Percebe, então, que não tem família nem amigos verdadeiros. Ele volta para sua cidade natal e já ninguém o conhece. Durante 40 anos nunca voltou para visitar seus amigos de infância: ele perdeu suas raízes. Ele jogou todas as suas fichas em coisas transitórias, que passaram, acabaram, e deixou de cultivar o que era permanente...

O que é permanente e o que é transitório? Na realidade, todos sabem que família, amigos e saúde integram o grupo do que é definitivo, permanente, não é mesmo!? No entanto, muitas pessoas estragam sua saúde por razões passageiras, como a conquista de um poder ou um bem transitório.

Quando o indivíduo não entende essa diferença, quando não é educado a pensar no permanente, e sim no transitório, ele não consegue desenvolver sua verdadeira motivação. Certo dia, um médico, amigo meu, comentava comigo que seria bom se as pessoas pudessem passar um dia numa UTI, ouvindo o que os pacientes querem falar quando consideram que estão próximos à morte. Ninguém diz "meu maior arrependimento foi não ter comprado aquela casa em Campos do Jordão" ou "meu maior arrependimento foi quando perdi dinheiro na bolsa de valores". Nada disso. O que se ouve são frases como "eu deveria ter cuidado melhor da minha família", "que pena que eu não dediquei mais tempo a meus amigos" etc. Ou seja, nesse momento percebe-se nitidamente o que é permanente e o que é transitório.

Também faço distinção entre o essencial, o importante e o acidental – conceitos que são muito importantes para a motivação. Então, a gente às vezes se pergunta: "Mas como é que as pessoas conseguem viver naquela sociedade primitiva?"; "Como aquele senhor, de um vilarejo no sul da França, consegue viver sem viajar, sem visitar outras culturas?" etc. Simplesmente porque eles vivem em comunidades assentadas em valores permanentes, com poucos valores transitórios. Em contrapartida, em nossa sociedade, convivemos com a desmotivação originada de valores transitórios, como a conquista de bens materiais, nos quais jogamos todas as fichas.

Mussak – Nós, que trabalhamos com consultoria e estamos sempre em contato com executivos e presidentes de empresas, enfim, com grandes executores, somos contratados para abordar questões como essa, da distinção entre transitório e permanente. Geralmente, uso a terminologia da diferença entre o *importante* e o *fundamental*, que é mais ou menos nessa linha. Prefiro utilizar essas palavras porque, quando o presidente de uma empresa conversa comigo sobre seus objetivos, ele explica: "É muito importante que os nossos executivos se desenvolvam para entregar resultados"; "É muito importante que não percamos o foco no lucro". Enfim, frequentemente é apresentada uma série de temas importantes para aquela empresa e, quando vamos verificar, Marins, nota-se que todas as questões indicadas como "importantes" são transitórias. Converso com eles, então, explicando que não podemos perder de vista o importante, mas também não podemos abrir mão do que é fundamental. O que é importante garante o presente, mas o fundamental sustenta o futuro. E, hoje, não devemos pensar numa empresa apenas entregando resultados. É preciso que seus resultados sejam sustentáveis, que sejam colocados na linha do tempo.

Marins – O problema é que o gerente ganha o bônus pelo trimestre.

Mussak – É verdade, por isso não é possível abrir mão do importante. Porém, esse fato não o impede de compreender a escala de valores que aponto. Por vezes, peço aos executivos que façam uma lista do que consideram importante, e outra do que avaliam como fundamental. Esse pequeno exercício permite que as pessoas coloquem as coisas em perspectiva, o que tem um efeito tranquilizador. Assim, o trabalho é importante, mas a família é fundamental; o sucesso econômico é importante, mas a saúde é fundamental; a rede de contatos é importante, mas as amizades são fundamentais; o conhecimento técnico é importante, mas cultura geral é fundamental, e por aí afora. Isso faz com que eles pensem por um momento em si mesmos, como seres que terão um caminho a percorrer, e não apenas uma ponte a atravessar.

Marins – E, no fundo, isso é o que a gente chama de motivação.

Mussak – Exato. A motivação que nos move em direção à construção de uma vida, e não apenas orientada para alcançar um resultado de curto prazo.

Educar para fazer brilhar sempre mais

Marins – Muita gente me diz assim: "Marins, gostaria que você desse uma palestra bem motivadora". Pergunto então o que seria uma palestra bem motivadora. Parece que a ideia generalizada é a de uma exposição que leve a audiência à emoção, e mesmo às lágrimas. Informo que, nesse caso, é melhor contratar outra pessoa. Porque considero que não se modificam hábitos, nem o modo de pensar de cada um, emocionando as pessoas com nossas histórias. Entretanto, os psicólogos explicam o papel que o fator emocional desempenha, e acredito que seja verdade. Talvez a emoção sirva para vencer uma barreira, para que o ouvinte perceba algo que não havia notado antes porque estava bloqueado emocionalmente... É possível.

Mussak – Pois é, Marins, às vezes o uso de parábolas, metáforas ou outro tipo de história e narrativa serve exatamente para possibilitar que a pessoa entre em contato com um conteúdo que ela não queria ver. Porque, de um ângulo diferente, de um modo indireto, eventualmente se torne mais fácil dar-se conta de certas verdades...

Marins – Mas penso que aí não se trata de emoção.

Mussak – De todo modo, não podemos negar a importância do aspecto emocional na vida das pessoas. Somos, sim, seres emocionais. Mas concordo plenamente com você, Marins, que a emoção é um meio para se atingir um fim que é o pensamento, o qual levará o indivíduo a descobrir seus verdadeiros motivos para fazer, ou não, alguma coisa. Gosto muito quando você apresenta temas para reflexão, para que os profissionais se motivem pela razão – que é soberana na definição dos objetivos de cada um. A emoção é importante como via de acesso.

Marins – Porque senão o indivíduo vive ciclotimicamente: hoje quero isto, amanhã não quero isto, depois de amanhã quero...; hoje estou feliz, amanhã...

Mussak – Estudos recentes da área educacional nos permitiram entender que o aprendizado é um fenômeno racional, mas a aprendizagem é emocional. Portanto, usa-se a emoção para induzir a aprendizagem que é predominantemente racional. Aliás, creio que devemos nos aprofundar no tema de educar a vontade, em vez de educar a inteligência. Porque a inteligência, lembrando a definição que citei há pouco, é a capacidade de usar os atributos mentais. Já para usá-los a fim de produzir o bem, produzir benefícios, é necessária a existência da vontade.

Já que falamos aqui em parábolas e metáforas, aproveito para contar uma história pessoal que ilustra o tema. Certa vez, recém-chegado a São Paulo, visitei com minha mulher, Luciana, a joalheria Tiffany. Foi no começo da década e a joalheria tinha acabado de abrir, na avenida Faria Lima. Eu queria dar um presente para ela, e fomos à Tiffany – detalhe: o presente não era comprar, mas visitar a joalheria, pois na época eu não tinha uma situação financeira que me permitisse algo assim. Mas fiquei muito impressionado com algo que aprendi ali, que acabou me levando a uma reflexão mais ampla. Num dado momento, a funcionária da loja – por sinal, muito simpática – mostrou um anel e nos disse que ele tinha uma "pedra lúcida". Fiquei intrigado com aquela denominação e lhe perguntei a razão de tal nome. Ela nos explicou que todas as grandes joalherias criam lapidações que são patenteadas – e, portanto, não podem ser utilizadas por nenhuma outra joalheria. O trabalho realizado sobre aquela pedra havia sido patenteado como "lapidação lúcida". Indaguei ainda: "E por que esta se chama lúcida?". Ela então contou que a inspiração tinha origem na astronomia, pois nas constelações há sempre uma estrela que brilha mais, a qual é chamada estrela alfa ou estrela lúcida. Ou seja, lúcida é aquela que brilha mais. Por isso eles escolheram esse nome, porque haviam conseguido fazer a pedra brilhar mais em virtude do tipo de lapidação. Portanto, o brilho da pedra deriva mais da qualidade da lapidação do que da qualidade da pedra. Isso me trouxe subitamente para o mundo da educação. Percebi que esta deveria ser a principal finalidade de um educador: lapidar as pessoas para fazê-las brilhar mais.

Marins – Muito bonita a imagem que você nos trouxe, porque lapidar é cortar, raspar, eliminar arestas.

Mussak – E tudo isso está associado à ideia de fazer com que as pessoas brilhem mais.

Marins – Que é, em resumo, educar a vontade. Como no processo que legamos de Sócrates, desenvolver a maiêutica...

Mussak – Permitir o nascimento de cada um a partir de si mesmo. Uma espécie de autogênese benigna usando o processo fecundo da educação. Renato Teixeira e Almir Sater, na belíssima música *Tocando em frente*, dizem que "Cada um de nós compõe a sua história / Cada ser em si carrega o dom de ser capaz de ser feliz". Mas para que esse dom seja realizado, precisa ser lapidado pela educação.

Marins – Exatamente, permitir o nascimento das pessoas – isso é educar. Cada ser humano tem um universo dentro de si, e como se faz para ajudá-lo a definir seus motivos? Educando a vontade, ensinando-o a ter disciplina, persistência e determinação.

Mussak – Penso que devemos colocar essas ideias, agora, no contexto da sociedade de consumo em que estamos inseridos, na qual as pessoas são estimuladas a querer sempre muitas coisas, de onde vem a dificuldade de abrir mão das que citamos anteriormente. Fomos condicionados por esse modo de vida. Isso é ainda mais forte atualmente, pois as crianças e os jovens têm sido levados a acreditar que o ideal é ter todas as suas vontades saciadas, do contrário, sentem-se infelizes.

Marins – Sim, a sociedade cobra que tenhamos ambição. A questão é auxiliar as pessoas a desenvolver sua motivação de forma correta, descobrindo-se aos poucos, conhecendo seus motivos pessoais para cada escolha. Com a velocidade dos tempos atuais, com a instantaneidade da informação, há quem acredite que pode obter esse resultado em um mês, em 15 dias, em dez minutos. Assim não há construção, não dá tempo para o sucesso ocorrer. Eu recebo mensagens assim: "Professor, faz seis meses que estou na minha empresa e ainda não fui promovido. O senhor acha que devo pedir demissão ou fico ainda mais algum tempo?". Respondo: "Já chamam você pelo nome? Já sabem o seu nome?". Eu até criei uma expressão para caracterizar a instantaneidade que caracteriza a vida e principalmente as expectativas das pessoas: "geração miojo". Não importa muito o gosto; se é rápido, é bom. Precisamos educar as pessoas a dar tempo para o seu sucesso. A disciplina do tempo também é um componente importante do trabalho com a motivação. De nada serve ter aspirações e desejos, mas desistir deles rapidamente. Ilustro o que estou dizendo. Digamos que o grande desejo de Pedro era ser comerciante, seu sonho era abrir uma loja. Ele abre sua loja do jeito que queria, era o seu sonho. Contudo, uma loja demora dez anos para conquistar o reconhecimento do mercado. Então, seis meses ou um ano depois, frustrado, Pedro fecha sua tão sonhada loja porque não deu lucro. Mas é claro que não daria lucro em seis meses ou em um ano! Depois, Pedro abre outra empresa, que também não dá resultado rápido e é fechada. Um ano mais tarde abre outra coisa e assim sucessivamente. Será que ele não é bom no que faz? Será que não tem sorte? Mesmo nos desejos materiais mais simples de cada um, se o indivíduo não der tempo para que eles se realizem, sempre se sentirá frustrado, estará sempre se perguntando: "Mas onde foi que errei?". Veja meu neto, por exemplo, Eugenio. Ele levou sete meses para dar tchau. Sete meses! Não podemos querer acelerar tudo... Criamos novilhas em nossa fazenda. Não adianta eu ficar olhando para uma novilha, que ela não vai crescer mais rápido. A atual noção de tempo e de espaço que adquirimos neste mundo louco criou uma dificuldade na motivação de longo prazo. Precisamos voltar àquelas lições básicas da educação, da filosofia, do que é essencial, porque senão estaremos propiciando que a sociedade se torne cada vez mais neurótica e violenta.

Mussak – Sim, leva-se tempo para criar algo com consistência. Charles **Chaplin** dizia que até para ser criança leva-se tempo para aprender. Os gregos, que tinham deuses para tudo, para o tempo tinham dois: *Kronos*, o deus do tempo medido (daí termos como cronômetro e cronograma, em português), e *Kairós*, o deus do tempo vivido. Aqueles que eram regidos por *Kronos* queriam fazer tudo rápido, pois sabiam que o tempo ia acabar, mas os inspirados por *Kairós* queriam aproveitar bem o tempo e faziam isso a partir de suas escolhas. Quando fazemos a escolha acertada, temos paciência e nos encantamos com os progressos do dia a dia, da maturação natural que integra qualquer processo de criação, de aprendizado e de evolução. A verdadeira motivação não será aniquilada pelo passar do tempo, pois deriva da escolha acertada.

Adapte-se: O tempo não para

Marins – Desejo agora explorar outro ponto de nosso tema. Como eu estava dizendo, com a transformação ocorrida nas noções de espaço, tempo e valor, na sociedade contemporânea, tornou-se mais difícil ter motivações mais duradouras. Veja, por exemplo, a realidade das empresas nas últimas duas décadas. Como os preços dos produtos e serviços são, hoje, determinados pelo mercado, e tendo em vista a semelhança de qualidade e preços, uma das maneiras mais rápidas de crescer passou a ser por meio da aquisição de concorrentes. O que por vezes é um processo violento. Já ouvi muitas histórias de empresários que não cogitavam vender a empresa, mas se alguém chega com uma oferta irrecusável...

Mussak – Há ofertas que chegam até mesmo a ser hostis.

Marins – De fato. Com frequência o valor é tão elevado que as pessoas se sentem constrangidas a vender, não é verdade? Eu, por exemplo, recebi ofertas pela fazenda da família que me levaram a reunir todo mundo para uma boa conversa. Minha sugestão foi de que fizéssemos de conta que não havíamos recebido nenhuma oferta. Afinal, o que faríamos com o dinheiro? Comprar outra fazenda? Qual é nosso objetivo? Enfim, o que nos motiva a mantê-la?

Mussak – Efetivamente, as empresas menores têm sido "fagocitadas" pelas maiores, mas também é possível que aconteça o contrário. Há diversos fatores que se combinam nesse cenário e acabam determinando a possibilidade e a oportunidade de cada negócio, mas quando os valores envolvidos são exageradamente altos, é praticamente impossível não vender. Em tais circunstâncias, o empresário (ou os sócios, a família) vende seu negócio e, muitas vezes, fica sem saber o que fazer com aquele capital. Gastar? Mas até gastar dinheiro é algo que cansa. Muito provavelmente acabará abrindo outro negócio e começando tudo de novo.

É importante observar que essa realidade não é prejudicial apenas para aquele que vende, pois, com essas aquisições, a empresa que assume o controle também acaba perdendo muitos de seus valores culturais. A cultura organizacional começa a se desintegrar pela incorporação de outras culturas – eventualmente muito diferentes –, ocasionando uma verdadeira esquizofrenia de valores na empresa, em um processo de perda de sua essência, de sua identidade. Não raro isso se deve a essa necessidade de acelerar o crescimento, de que você falava, Marins; trata-se de uma agressão aos valores humanos. Felizmente há algumas ilhas de resistência. Na Europa, surgiu alguns anos atrás um movimento muito interessante chamado *slow food*, que busca exatamente confrontar a ideia da "geração miojo" (adaptando sua expressão, Marins), essa geração do *fast-food*, de tudo muito rápido. Por intermédio de um valor cultural muito forte, que é a comida, seus defensores procuram recuperar a ideia de "dar tempo ao tempo", de permitir que os fatos se sucedam naturalmente. Há uma metáfora bastante bela, do interior da França, de dois indivíduos que se estabelecem como vinicultores na mesma região, são vizinhos. Um cuida muito das suas vinhas e as rega com cuidado todos os dias, ao passo que seu vizinho não rega as vinhas dele com frequência. O primeiro critica o segundo por não cuidar de suas uvas: "Sabe, você não as está regando convenientemente. Vou ter uvas antes que você". E, de fato, ele tem, mas quando o outro começa a ter uvas, elas são de uma qualidade muito superior, porque, ao não serem regadas com tanta frequência, aquelas vinhas tiveram de criar raízes mais profundas em busca de água e, ao trazer água, trouxeram junto todos os nutrientes daquele *terroir*. É necessário dar tempo ao tempo, sim. A motivação, na modernidade, está muito associada à ideia de velocidade. Isso me parece preocupante tanto no que se refere às empresas quanto no que diz respeito aos novos executivos que estão surgindo no mercado, já contaminados por essa pressa. Cada vez é mais comum que se busque obter informações o mais rápido possível, resultados imediatos, felicidade instantânea.

Marins – Veja o paradoxo da motivação e do sucesso empresarial: quando o empreendedor abre uma empresa, raramente ele começa seu negócio tendo como moto principal ganhar dinheiro. Ele quer sempre oferecer o melhor. As empresas cresciam pelo diferencial de seu produto ou serviço. O lucro, o resultado, o dinheiro era uma consequência da realização daquele ideal. No Brasil, as empresas eram criadas com o objetivo de oferecer algo que ninguém havia feito ainda por aqui. Essa é a história dos pioneiros. Trata-se de pessoas que acreditavam que sobreviveriam daquilo, que poderiam até ficar ricas – mas isso seria uma consequência. Assim as empresas cresceram, porque havia uma motivação muito forte, a busca por um valor permanente: a qualidade, propiciar algo único. No momento seguinte, chegou ao comando a segunda geração, ou entraram os executivos. A partir daí, o "resultado financeiro" passa a ser privilegiado. Repare que, para o primeiro empreendedor, o cliente realmente era quase um deus. Procurava-se atender bem o cliente; se ele reclamava, o empreendedor reunia todos os funcionários para ver o que havia acontecido, para sanar o problema. Enfim, se havia algum defeito no produto, ele preferia retirá-lo do mercado, sempre buscando corresponder ao prometido. Tais negócios tinham o valor por ideal, o valor como orgulho da marca, o orgulho de fazer muito bem. Para a segunda geração ou para os executivos, o primeiro valor é dar retorno para o acionista. Nesse contexto, os remanescentes do grupo idealista são os sonhadores bobos. Então, por exemplo, se numa empresa aparece um produto com defeito, os sonhadores logo propõem retirá-lo do mercado para corrigir o problema. A nova geração talvez prefira deixá-lo assim mesmo, principalmente se for um defeito pequeno, que não interfira na utilização do produto. É aquele raciocínio: "Se reclamarem, a gente troca". É assim que as pessoas começam a perder os motivos para atuar bem. Suponhamos que você, Eugenio, entre em uma empresa desmotivada. Por que as pessoas que trabalham ali estão desmotivadas? Há empresários que me dizem: "Professor, hoje já não se dá o mesmo peso para a qualidade. Muitas vezes, quando o cliente telefona, professor, eu vejo mentirem para ele. Algo que nunca fizemos antes". Enfim, aquela empresa perdeu o motivo de ser. Ganhou outra razão de existir, que é o resultado financeiro, só que se você for conversar com o dono ou com o acionista e perguntar se ele está ganhando mais, muitos já me disseram que sim, mas hoje têm vergonha do produto. Isso já aconteceu com vinícolas do Rio Grande do Sul. Há vinícolas que cresceram de modo impressionante, mas os proprietários já não conseguem tomar aquele vinho, pois se veem forçados a comprar uva de terceiros para honrar contratos de entrega de uma grande produção mensal. Não é mais o vinho que aqueles produtores queriam fazer quando começaram. Eles estão mais ricos, porém muito mais insatisfeitos, parecem tristes, porque os motivos que os fizeram criar seus negócios não são os mesmos da geração dos executivos modernos. Isso é certo ou errado? Não existe esse julgamento de valor, em minha opinião; é muito difícil dizer o que é certo e o que é errado. Os motivos são diferentes.

Mussak – Na verdade, o que estamos falando aqui é que ninguém vive sem motivação, mas que ela tem mudado. Antes voltada para a excelência, agora o que mais motiva são os resultados. Contudo, vale lembrar que o resultado é volátil – sempre temos a sensação de que seria possível alcançar algo ainda melhor. Com isso, acabamos não construindo, não sedimentando um valor humano. Esse é um drama recente em algumas áreas, mas o ser humano sempre transitou entre o imediato e o duradouro. Há uma passagem de Santo Agostinho em que ele conta que foi ao sapateiro encomendar um par de sapatos e percebeu que havia diversos tipos de profissionais. Havia sapateiros que eram obcecados com a qualidade e nunca estavam satisfeitos, acreditando que poderiam, no futuro, fazer sapatos ainda melhores, agregando mais valor a sua arte. Entretanto, outros visavam exclusivamente ao lucro que teriam com a venda. Estes não estavam preocupados com a qualidade, mas com a quantidade de sapatos que poderiam produzir. Ele distinguia esses dois tipos de sapateiros como se vivessem em dois mundos diferentes: um habitava o mundo do mais, da generosidade, da arte, da qualidade, da perenidade, procurava fazer sapatos belos, bons e duradouros; o outro morava no mundo do menos, da mesquinhez, de resultados imediatos e exclusivamente financeiros. Gosto dessa ideia dos dois tipos de mundo, e considero que se pode ver isso claramente na sociedade contemporânea, embora pareça que, infelizmente, o mundo volátil, do menos, esteja em vantagem. Quando alguém se queixa porque os produtos se estragam logo, não duram, logo ouve o argumento "sim, mas é barato. E você vai se cansar disso, então é bom que não dure. Quando cansar dele, você poderá comprar outro". Por muito tempo os produtos foram feitos para durar. Essa realidade começou a se alterar a partir da segunda metade do século passado – e, mais dramaticamente, depois da década de 1970.

As melhores horas do dia e os melhores anos de sua vida

Marins – Sabe, Eugenio, outra coisa que me preocupa na motivação empresarial? O dia tem 24 horas para todo mundo (não tem 26 horas para nenhum viciado em trabalho, nenhum *workaholic*, nem 23 horas, ou menos, para preguiçosos). Por sua vez, essas 24 horas são divididas em três grandes blocos: oito horas teoricamente seriam dedicadas ao descanso, período em que se dorme; oito horas para o trabalho e as oito horas restantes são utilizadas para uma variada gama de ocupações.

Mussak – Sim, aí se incluem atividades de lazer, exercícios físicos, tempo de deslocamento, vida familiar, passeios, visita a amigos etc.

Marins – Exatamente. E qual seria o horário nobre, o período da mais-valia? Na televisão, trata-se do horário em que há mais audiência e, portanto, cuja comercialização tem preço mais elevado: à noite, no intervalo entre as notícias e a principal novela ou filme. Já em nosso cotidiano, embora o princípio seja o mesmo, o relógio funciona de outra maneira. O período de ouro é o tempo que passamos no trabalho. Veja, trabalhamos as oito *melhores horas* do nosso dia durante os

30, 40 *melhores anos* de nossa vida. Logo, seria uma burrice transformar nossas oito melhores horas nas oito piores, e os 30 ou 40 melhores anos nos piores anos de nossa vida. É isso que o sociólogo italiano Domenico **de Masi** procura mostrar para a sociedade. E o que fazemos com essas oito horas? O que nos motiva à ação? Se o principal motivo para um indivíduo trabalhar for seu sustento, o salário que receberá pelas melhores horas de cada dia durante os melhores anos de sua vida, sua qualidade de vida será deplorável, concorda? É isso que leva a pessoa a ficar ansiosa à espera de que chegue a sexta-feira à tarde. Daí a importância dos *hobbies*, do lazer. Daí também o desejo de se aposentar o quanto antes, para poder se libertar do trabalho que representa um castigo – "Ganharás o pão com o suor do teu rosto...". Veja a importância da motivação no trabalho, de que a pessoa conheça seus motivos, de que tenha um sentimento de missão. Porém, esse sentimento que propicia a motivação pessoal só ocorre quando ela tem valores elevados agregados a seu objetivo. Não só relacionados a ela mesma. Quase ao contrário, o bem-estar da própria pessoa, com frequência, está ao final da lista de finalidades.

    Pode-se notar que cada um tem de encontrar valores em seu trabalho. Se você tiver um trabalho com "desvalor", com "não valor", é provável que esteja ali só pelo dinheiro. Há uma conhecida metáfora a esse respeito: perguntou-se a um pedreiro que trabalhava no alicerce de uma catedral se ele estava apenas assentando tijolos ou construindo uma catedral. Como se motiva uma pessoa? Como mostrar para ela os valores que a movem? Temos de acordar de manhã e trabalhar por muitos anos, durante as melhores horas de cada dia. Se cada um de nós não encontrar uma forma de dedicação, se não procurar um valor em seu trabalho, tampouco conseguiremos construir nossa motivação.

Mussak – Foi interessante você falar sobre isso, Marins, pois no último fim de semana estive relendo *O mal-estar na civilização*, livro que **Freud** escreveu em 1930. Há uma passagem em que ele fala sobre isso: "Como caminho para a felicidade, o trabalho não é muito prezado pelos homens. Não se esforçam em relação a ele como o fazem em relação a outras possibilidades de satisfação. A grande maioria das pessoas só trabalha sob a pressão da necessidade, e essa natural aversão humana ao trabalho suscita problemas sociais extremamente difíceis". No entanto, adiante ele diz que a atividade profissional pode constituir fonte de satisfação pessoal "se for livremente escolhida". Veja como isso está diretamente relacionado ao que estávamos falando. Qual é o motivo pelo qual você realiza seu trabalho? Se for exclusivamente para receber o salário ao final do mês, você está trabalhando apenas pela sobrevivência, para evitar sofrimento. Em contrapartida, se o trabalho for fator de satisfação, o indivíduo terá uma dimensão motivacional muito maior. Portanto, o trabalho só será fonte de satisfação se o profissional perceber várias dimensões de seu valor: social, histórica etc.

Marins – Esse valor, ademais, está sempre relacionado a outros seres humanos, mesmo que seja dez gerações depois. Ou seja, o trabalhador consegue atribuir valor a seu trabalho quando compreende que produz parafusos, por exemplo, que vão compor uma peça, a qual fará parte de uma máquina que será utilizada por um ser humano. Mas se ele não lembrar que aquele parafuso será importante para a construção daquela peça que permitirá o perfeito funcionamento de um automóvel que será usado por uma família, ele não tem como atribuir valor ao que faz, não é!?

Mussak – Isso está claro no filme *Tempos modernos*, de Charles Chaplin, em que ele aperta porcas, mas não sabe que está fabricando motores para veículos que transportarão pessoas. Em meu entender, uma das funções do líder é mostrar a seus liderados a importância, o valor e a beleza de seu trabalho. A isso damos o nome de ressignificação. Quando o trabalho é significativo, as pessoas estão sempre motivadas.

Marins – Por isso digo que não existe motivação, só automotivação. Somente o próprio indivíduo pode encontrar seus motivos. O que o líder pode fazer é dar a seus subordinados todas as condições para que cada um encontre seus motivos.

Há um ditado inglês que diz algo nesse sentido: pode-se levar o cavalo até o rio, mas ele só vai beber água se quiser. Nosso trabalho não é motivar, é levar a pessoa a pensar, a descobrir seus motivos, a desenvolver sua vontade.

Mussak – Podemos então dizer que liderar significa desenvolver vontades. Essa é uma bela maneira de concebermos o papel da liderança. Mesmo porque liderar não é fazer coisas, é fazer com que elas sejam feitas. Enfim, não é beber água, é estimular o outro a fazê-lo, sem jamais obrigá-lo, claro.

Marins – Creio que a melhor definição de líder que conheço é de **Eisenhower**, que foi general durante a Segunda Guerra e depois presidente dos Estados Unidos. Ele dizia que líder é aquele que consegue fazer com que as pessoas façam o que mais desejam fazer. Para descobrir como despertar a vontade dos subordinados, é preciso conhecer cada um deles, saber quais são seus pontos fortes e suas fragilidades, usar os pontos fortes, despertando neles a vontade de fazer. É por isso que o líder precisa conhecer muito bem seus subordinados, para poder despertar neles a motivação, ou seja, para propiciar que eles se motivem.

Mussak – Ou seja, lapidar as pessoas. Uma pessoa trabalha numa empresa pelo dinheiro. Todos nós trabalhamos pelo dinheiro, faz parte da lógica da sociedade em que vivemos. Mas deve-se trabalhar *também* pelo dinheiro, e não principal ou exclusivamente pelo dinheiro. A remuneração serve para que sejam atendidas as necessidades. Sem um salário ao final do mês não poderíamos pagar as contas, não poderíamos evitar o sofrimento pessoal ou das pessoas que nos cercam. Mas de onde vem o prazer de trabalhar? Será que é papo de consultor dizer que é possível ter prazer em trabalhar? Eu creio que não.

Penso que há duas grandes fontes de prazer que alguém pode encontrar por trabalhar em determinado lugar. A primeira é orgulho. O orgulho é um fator do prazer. Como é gostoso sentir orgulho de seu filho, de seu pai, do país, da empresa. Para isso, é necessário que encontremos valor no trabalho que é realizado por aquela organização. Não só isso, mas que também sintamos orgulho do conjunto de valores a ela atrelado. Como a ética, a responsabilidade social e ambiental, enfim, o conjunto de valores que prezamos tanto. Gostamos de empresas vencedoras, desde que vençam com ética e princípios humanos.

A segunda fonte de prazer é o bem-estar. É sentir-se bem onde está, porque ali existe um bom clima, existem respeito e alegria, apesar de haver seriedade. Sabe, Marins, já ouvi um executivo dizer que não podia ser alegre, porque era um homem sério, como se fossem atributos opostos, incompatíveis. O oposto da alegria é a tristeza, e não a seriedade. Seriedade tem a ver com competência, responsabilidade e confiança, e não com cara amarrada. Assim, é possível criar um ambiente em que as pessoas sejam sérias porque entregam o resultado que se espera delas, mas o fazem de maneira alegre. Um ambiente no qual as pessoas, mesmo que tenham opiniões diferentes, respeitem o ponto de vista alheio e sejam capazes de dialogar, buscando atingir um entendimento maior de ambas as partes.

Esses são alguns dos motivos que levam as pessoas a trabalhar com satisfação. Essas duas fontes de prazer promovem a percepção de uma causa maior, por parte do indivíduo, para a execução de suas atividades cotidianas, muitas vezes difíceis, eventualmente até entediantes. Quando o líder consegue ajudar os profissionais que estão à sua volta a despertar o sentimento de causa para suas tarefas, ele está cumprindo seu papel à altura, está tendo uma atitude de verdadeira liderança.

Devo fazer apenas uma ressalva importante: ele não conseguirá despertar em alguém a vontade de fazer o que tem de ser feito se a pessoa se recusar a isso. Há uma história de que Sócrates teria dito à mãe, que era parteira: "Mãe, você percebeu que não é você que faz o parto, mas a própria natureza? Na verdade, você simplesmente induz o processo..." – aqui encontra-se novamente a ideia da maiêutica. Portanto, é necessário encontrar a pessoa certa para cada função, porque os desejos das pessoas precisam coincidir com os objetivos da organização. Se não houver essa coincidência, provavelmente a pessoa está no lugar errado. Mas certamente haverá um lugar para o qual ela seja mais adequada, em outras palavras, uma posição na mesma empresa ou em outra na qual ela conseguirá encontrar seus motivos. A motivação está ligada a essa escolha.

O que você mais quer em relação a seu emprego?		
Sentir-me constantemente treinado e crescendo profissionalmente		
2860	45.1%	
Um trabalho desafiante que me dê sentimento de missão e propósito		
1739	27.4%	
Uma liderança forte e inspiradora, que me desafie e seja confiável		
920	14.5%	
Salário		
443	7%	
Uma empresa com forte imagem no mercado		
198	3.1%	
Bons colegas e chefes leais		
184	2.9%	

Número de votos : 6344
Primeiro voto   : dezembro de 2007
Último voto   : abril de 2010

Fonte: *Site* da empresa Anthropos Consulting – www.anthropos.com.br.[1]

---

1. Obs.: Os dados de pesquisas apresentados neste livro refletem os resultados até a data em que foram colhidos. São, portanto, como uma fotografia. O leitor poderá obter mais informações no próprio *site*.

O que é mais importante para você no trabalho?

Mussak – Voltando um pouco para a psicologia, você se lembra das teorias de Frederick **Herzberg**? Esse psicólogo americano divide os fatores motivacionais em dois tipos: os motivacionais propriamente ditos e os que ele chamou de higiênicos. Curioso, o que seria um fator higiênico? É aquele cuja presença não é motivadora, mas cuja ausência tem o poder de desmotivar o indivíduo. É interessante porque o dinheiro aparece nessa categoria. Permita-me explicar melhor: Herzberg considera todos os fatores parcialmente higiênicos e parcialmente motivacionais, mas ele defende que o dinheiro, o salário é um fator mais higiênico do que motivacional. Em contrapartida, um dos fatores mais motivacionais é o reconhecimento, ser reconhecido pelo que se faz. Quando se utiliza o sistema de remuneração variável, o dinheiro que a pessoa recebe, de certo modo, deixa de ser um fator exclusivamente higiênico e passa a ser entendido como fator motivacional, como forma de reconhecimento.

Marins – Nós acabamos de ver o resultado de uma das pesquisas que se encontra no *site* da Anthropos Consulting sobre esse tema. Ela foi baseada numa enquete realizada pela revista *Fortune*. Note que, de mais de seis mil votantes, só cerca de 7%, ou seja, pouco mais de 400, colocaram salário em primeiro lugar. Esse é um bom retrato do que as pessoas entendem por motivação no trabalho.

Permita que eu cite ainda outra enquete:

> **Dos chefes abaixo, você considera o melhor aquele que:**
> Dá liberdade, mas está sempre junto e acompanha tudo o que você faz
> **5813   85.4%**
> Chama a sua atenção quando você erra
> **689   10.1%**
> Confia tanto em você que nem quer saber muito o que você faz
> **170   2.5%**
> Gosta que você pergunte tudo a ele e peça permissão
> **94   1.4%**
> Nunca chama a sua atenção, mesmo quando você erra
> **41   0.6%**
>
> Número de votos : 6807
> Primeiro voto   : dezembro de 2007
> Último voto   : abril de 2010

Fonte: *Site* da empresa Anthropos Consulting – www.anthropos.com.br.

Você vê que interessante? Aquele que nunca chama a atenção, mesmo quando o funcionário errou, foi o menos votado. Em minha opinião, o maior fator de desmotivação em uma empresa é a falta de *accountability*, isto é, a falta de *feedback*, de consequências. Dou um exemplo.

Imagine que tenho duas subordinadas e na sexta-feira digo a elas: "Nesta segunda-feira vou precisar daquele relatório que era só para o final de dezembro. Portanto, vocês terão de passar o fim de semana fazendo isso. Avisem em casa". Então, uma delas fala para o marido: "Nem conte comigo este fim de semana. Tenho que passar os dois dias trabalhando". Ele retruca: "Eu sabia". Surpresa, ela pergunta: "Mas como você sabia?". "Eu sabia. É aquela reunião com meus amigos. Você odeia os meus amigos". A vida dela vira um inferno. Seus filhos palpitam: "Mãe, não pise na bola, é melhor você ir à reunião dos amigos do papai, ele já acha que você não gosta deles". E ela fica sem saber o que fazer. Decide então ligar para sua colega, que, para piorar, diz: "Não vou fazer relatório nenhum. Vou a uma balada. A escravidão já acabou". E a primeira diz: "Mas o chefe falou...". Sua colega mantém-se firme: "Vou dar uma desculpa, pode deixar". Segunda-feira logo cedo peço para me entregarem o relatório. A que não fez nada se adianta e diz que teve um problema de família e não deu para fazer. Já a primeira fala assim: "Eu fiz minha parte. Passei o fim de semana trabalhando. Está aqui". Eu digo então a esta que nem adianta ela me entregar sua parte, porque preciso do relatório completo. Assim, elas devem me entregar tudo na quarta de manhã. E quando eu viro as costas, ela ainda vê a outra rindo! Em síntese, *bonis nocet qui malis parcit* – ou seja, "quem poupa os maus ofende os bons". Isto é a coisa mais desmotivadora, a falta de *accountability*, de consequência.

Acho muito interessante analisar as respostas às enquetes que constam do *site*, pois elas nos dão referências para pensar sobre vários temas relacionados à vida profissional. O que a pessoa considera mais importante que as empresas façam para conquistá-la como cliente, o que mais irrita no relacionamento com uma empresa etc.

Antes falamos bastante sobre a questão dos valores, observe estes dados:

O que você mais valoriza numa pessoa?	
Ética (tem valores elevados no emprego e na vida pessoal)	
3934	48%
Honestidade (honesta em tudo)	
2637	32.2%
Inteligência (tem conhecimento, sabe muitas coisas)	
954	11.6%
Solidariedade (ajuda as outras)	
392	4.8%
Religiosidade (tem muita fé e pratica os valores religiosos)	
146	1.8%
Esperteza (ninguém passa essa pessoa para trás)	
68	0.8%
Aparência (tem beleza física e/ou veste-se bem)	
23	0.3%
Prestígio e Posição Social (tem poder)	
21	0.3%
Riqueza (tem muitos bens materiais)	
15	0.2%

Número de votos : 8190
Primeiro voto : dezembro de 2007
Último voto : abril de 2010

Fonte: *Site* da empresa Anthropos Consulting – www.anthropos.com.br.

Que maravilha, não é? Muitos dizem que o brasileiro não tem valores elevados, mas eu discordo. Essa pesquisa confirma isso: ética está em primeiro lugar, seguida de honestidade, inteligência e solidariedade.

Penso que todos esses dados podem nos ajudar a entender o que motiva as pessoas, ao que elas dão valor e sua visão do mundo.

A chave é a pergunta

Marins – Retomando a questão que você colocou, Eugenio, vamos exemplificar um caso em que um fator higiênico, conforme a terminologia usada por Herzberg, interfere na motivação do funcionário. Se ele tem de trabalhar com um computador antigo ou lento e seu patrão diz que não tem dinheiro, mas pouco depois viaja com a família para esquiar em Aspen, por exemplo, isso certamente o desmotivaria. Não há o que motive as pessoas nessas circunstâncias. Então, os consultores Eugenio Mussak e Luiz Marins são contratados para motivar a equipe. Só se colocar nariz de palhaço! Quantas vezes já vi coisas semelhantes a essa. Naturalmente exagero um pouco, mas a realidade não é muito diferente. Muitas pessoas não têm condições de trabalho motivadoras. Sem dúvida todos precisamos pelo menos de condições razoáveis de trabalho, de acordo com a função e as possibilidades de cada empresa. Não é necessário ter um computador de última geração – se for, melhor, mais motivador ainda –, mas isso não é indispensável. Entretanto, o patrão não pode exigir certas coisas se o funcionário tem de pagar pelo café, por exemplo. Se o dono do negócio declara que não tem dinheiro, que a situação está difícil etc., e compra um carro caríssimo ou uma casa em Campos do

Jordão, não há funcionário que encontre motivos para buscar fazer o melhor possível. Afinal, os funcionários da empresa sabem que aquele dinheiro saiu dali, do trabalho deles.

Mussak – Quando éramos universitários, não sei se você chegou a participar, Marins, havia um projeto chamado Projeto Rondon...

Marins – Sim, em 1970, trabalhei nesse projeto em Rondônia.

Mussak – Ah, sim!? Eu fui para o interior de Pernambuco. Naquela época estava estudando medicina e fomos conhecer uma usina da região, onde havia a casa-grande e a senzala. Aquilo me trouxe à memória o livro *Casa-grande & senzala*, de Gilberto **Freyre**. O dono – que era muito cativante, envolvente, e contava várias histórias sobre sua vida – chamou todo mundo para mostrar os resultados operacionais de sua usina. Lembrei-me disso porque você mencionou o exemplo do patrão que vai esquiar em Aspen. Pois ele contou que já tinha viajado para a Europa e os Estados Unidos várias vezes. Eu e uma colega saímos um pouco do grupo que escutava o usineiro e fomos visitar a usina. Entramos no local em que os caminhões despejavam a cana, de onde ela tinha de ser encaminhada para a moagem. Vimos então um garoto que trabalhava ali. Logo descobrimos que, na realidade, ele não era tão garoto assim, tratava-se de um jovem de vinte e poucos anos, mas que tinha a estatura de uma criança. Ele era todo encurvado porque o lugar onde trabalhava não tinha muito espaço para que ficasse em pé; por isso ele ficou corcunda. Quer dizer, ele trabalhava numa condição desumana, praticamente escravagista. Obviamente, a maneira que aquele usineiro levava seu negócio não era uma atitude de liderança. Quando trabalho com o tema da liderança, sempre digo que existem três dimensões com as quais o líder tem de se preocupar: a primeira, que já referi antes, é conseguir dar o sabor de causa a uma tarefa, isto é, ser capaz de vincular a tarefa a um valor. A segunda é dar o exemplo, não o exemplo de saber fazer aquilo mecanicamente, mas o exemplo da atitude, da postura, do comportamento que é esperado também dos liderados. E a terceira dimensão é exatamente prover o funcionário, o liderado, com os meios para a execução de sua tarefa, tanto condições materiais quanto a estratégia para atingir o objetivo. Porque não há, como você diz, Marins, nada mais desmotivador do que a pessoa fazer um trabalho que não sabe por que está fazendo e, além disso, sem as condições adequadas para executá-lo.

Marins – A revista *The Economist* fez uma pesquisa sobre as dez características que um gestor deve ter nos tempos modernos. Uma delas era a liderança pelo exemplo. Não é verdade que as coisas acontecem de baixo para cima nas empresas; elas ocorrem de cima para baixo. Frases como "faça o que eu digo, não faça o que eu faço" ou "manda quem pode, obedece quem tem juízo" estão completamente ultrapassadas. Isso não existe mais.

Mussak – Marins, infelizmente acho que ainda existe, que ainda se pratica por aí, apesar de ser algo inaceitável, desrespeitoso e burro.

Marins – Mas não tem eficiência nem eficácia, não adianta. Outro dia estava conversando com alguns generais, e eles comentavam que, hoje, no caso de uma guerra, já não se poderia simplesmente ordenar "atacar!" para que os soldados avançassem. Foi até divertido imaginar, porque eles me asseguravam que alguns perguntariam a razão do ataque, qual seria a participação dos oficiais etc. Parece mentira, mas, por menos participativa que possa ser a hierarquia militar, ela já não é como antes, nada mais é aceito sem questionamento. As pessoas precisam saber os motivos. Além disso, falta o que podemos chamar de *empatia motivadora*. Ou seja, às vezes, o empregado tem mais sentimento de valor e missão do que o próprio chefe. O subordinado quer fazer o melhor, mas seu chefe defende que já está bom, que não se deve ser perfeccionista. Isso pode ser desmotivador.

Mussak – Há duas importantes qualidades infantis para manter a motivação numa pessoa e, infelizmente, elas tendem a desaparecer na idade adulta: a curiosidade e a transgressão. As crianças são naturalmente curiosas e transgressoras. Transgressoras no bom sentido, sempre lembrando que transgressão é diferente de contravenção. Fazer uma contravenção é ir contra a lei, ao passo que transgredir é querer mudar, estar em busca do diferente, do novo. É fácil perceber como todas as crianças são curiosas, porque, claro, estão conhecendo o mundo. Elas não se satisfazem em fazer uma pergunta, elas emendam uma pergunta na outra sucessivamente. Porém, nós, adultos, não temos paciência e, num determinado momento, acabamos respondendo algo como "porque sim", ou simplesmente pedimos a elas que parem de fazer perguntas. Isso acontece em casa, na escola. Parece que o aluno que faz muitas perguntas atrapalha a aula. Existe uma noção de que o professor, como autoridade, sabe o que o aluno precisa saber. Desse modo, vamos matando a curiosidade da criança. Mais tarde, quando o jovem começa a trabalhar e pede informações de por que a empresa faz aquilo daquela maneira, quais são os objetivos etc., logo vem a resposta: "Olha, faça o seu trabalho. Você não vai conseguir saber de tudo; faça seu trabalho benfeito que isso já é suficiente". Nossa curiosidade vai sendo destruída com o passar do tempo, e nossa capacidade de transgredir, de querer inovar, de fazer diferente também. Não raro, a pessoa que entra em uma empresa vai ouvir: "Escute, menos, menos. Vá mais devagar. Não queira inventar a roda; já tentamos fazer isso antes, aqui não é bem assim que funciona". No entanto, essas duas qualidades, a curiosidade e a transgressão, são fundamentais para a criatividade, a inovação e o empreendedorismo. Hoje, queremos que os jovens sejam empreendedores, mas a sociedade tem destruído sua curiosidade e sua capacidade de transgredir.

Marins – Há uma contradição nisso. Se você tem um neto ou uma neta, um filho ou uma filha pequena, por exemplo, geralmente fala para todo mundo que seu filho é tão inteligente... ele pergunta tudo! Ou seja, ele é considerado inteligente porque vive fazendo perguntas sobre tudo. Agora, quando ele se torna adulto e pergunta, é burro, você já reparou?

Mussak – Exatamente. Na idade adulta espera-se que você saiba sempre a resposta.

Marins – É verdade, Eugenio, você tem toda razão. Em uma sala de aula, com frequência a turma chama de burro o único inteligente que sempre faz perguntas. Quando ocorre essa mudança de que é inteligente porque pergunta para é burro porque pergunta? Matou-se ao longo do tempo o perguntar como inteligência. Mas quem dirá que não é muito mais inteligente quem pergunta do que quem responde? Sócrates só perguntava.

Mussak – A pergunta é interessante porque gera movimento. Pode-se responder a uma pergunta com outra, estimular o pensamento da pessoa que perguntou. Já a resposta "mata" a curiosidade, ela interrompe a conversa. Em vez de simplesmente dar uma resposta, pode-se aproveitar a oportunidade oferecida pela curiosidade para dar início a um diálogo que propicie o raciocínio do aluno, da criança. A resposta e a descoberta podem ser prazerosas, mas a busca e a pergunta também o são. A descoberta é um orgasmo que precisa das preliminares da curiosidade. Aliás, sobre isso o psiquiatra **Gaiarsa** dizia: "Orgasmo, esse estraga-prazeres".

Marins – Creio que o papel do professor na atualidade é o de orientador da aprendizagem. Ele já não representa uma fonte inesgotável de sabedoria, não é mais visto como um "sabe-tudo".

Mussak – Nem poderia, pois ele sabe muito pouco se considerarmos a quantidade de conhecimento que o mundo moderno é capaz de produzir diariamente. Quem acha que sabe tudo, que sempre tem razão, sofre da síndrome de "arrogância intelectual", a pior manifestação da soberba. Além disso, os jovens da atualidade pertencem à chamada geração Y, que é considerada a única geração que realmente tem o que ensinar para as gerações anteriores, pois eles nasceram em um mundo diferente, plugado, conectado, e têm mais facilidade para lidar com isso do que as pessoas do mundo analógico, antigo. Cabe ao professor, como você bem disse, ser, acima de tudo, o orientador da aprendizagem, não a grande fonte de saber, ainda que seu conhecimento e sua experiência devam ser respeitados, claro.

Do sonho à ação, da ação ao resultado

Marins – Falando ainda da educação formal, sabe, quando entrei na escola eu era uma página em branco na qual o professor imprimia o saber. Hoje, ao chegar à escola, as crianças já trazem uma bagagem de cerca de oito mil horas de televisão. Elas aprendem mais da janela do carro ou do ônibus do que na escola – isso, sem falar na internet. É por essa razão que acredito que nós, professores, devemos atuar como orientadores da aprendizagem dos alunos. Nesse sentido, eu motivo o aluno a buscar o conhecimento, incentivo sua curiosidade, procuro ajudá-lo a descobrir mais perguntas.

Mussak – Gosto de colocar essa questão da aprendizagem em um gráfico. Na linha y, no canto inferior esquerdo, coloco a aprendizagem receptiva, que acontece na sala de aula, em que um professor despeja o conteúdo e o aluno apenas recebe. Seguindo essa mesma linha, mais para a ponta encontra-se o processo da descoberta, em que o aluno é o agente. Na linha x, coloco a memorização e, no outro extremo, o significado. Então, a melhor situação é quando o aluno descobre o significado por conta própria. E a pior é quando a aprendizagem é exclusivamente receptiva e desprovida de significado, baseada na memorização, o que ainda é frequente em muitas escolas. É verdade que o professor tem um determinado programa que precisa cumprir, mas nesse caso a responsabilidade por isso é do sistema de ensino que aprisionou a educação à quantidade de conteúdo, em vez de trabalhar sua qualidade. Várias instituições de ensino já estão mais voltadas para a percepção do significado, para estimular a curiosidade – e espero que, acima de tudo, trabalhem para desenvolver a vontade.

Marins – Você sabe que há dois tipos de aula e dois tipos de palestra, sempre tive essa preocupação. Eu preparo cada palestra. Para você ter uma ideia, levo o mesmo tempo da palestra preparando minha fala, porque para mim é como uma aula. Há o tipo de aula ou palestra da qual o aluno sai dizendo "puxa, como o professor sabe", e outra da qual sai dizendo "puxa, como aprendi". Há que se optar, sempre. Professores e palestrantes estão num palco, e é aí que reside o perigo: querer dar *show* em vez de ensinar. Somos pagos para ensinar. Quando me pedem uma palestra sobre determinado assunto, sou pago, e regiamente pago, para ensinar supervisores e gerentes a liderar pessoas, e não para que eles saiam de lá impressionados com minha figura, pensando "o professor Marins é um gênio". É preciso tomar cuidado, ter clara a missão.

De que maneira noto, por exemplo, que a aula está ficando entediante? Quando a fala do professor se torna mecânica, quando ele ou ela dá sempre a mesma aula. Porque, se um educador não tiver o sentimento de propósito, de missão, será insuportável começar tudo de novo a cada ano, com uma nova turma. Imaginemos, por exemplo, uma professora que alfabetiza crianças. Ela ensina uma turma, terminado o ano, entra uma nova leva de analfabetos, que estudará com ela durante o ano inteiro. Ela faz isso por 20 anos, 30 anos. Onde essa profissional encontra motivos para o que faz se não for no sentimento de missão, de propósito?

Mussak – Como a história de Sísifo, que foi condenado a empurrar a pedra para cima e, quando chegava lá, ela rolava de volta. Em dado momento, ele percebeu que sua missão não era deixar a pedra lá em cima, mas empurrá-la. Assim, procurou fazer o que lhe cabia da melhor forma possível.

A vida de todos nós é assim. Gostei do exemplo da professora alfabetizadora: a cada ano, ela recebe novos analfabetos. Portanto, ela lida com o analfabetismo todo o tempo, e, embora sua tarefa seja interminável, é a função mais nobre da educação: entregar o mundo para os alunos por meio das letras.

Marins – É interessante porque a boa professora primária acompanha a vida posterior de seus alunos. Ela sabe que aquele empresário foi seu aluno. Ela acompanha aquele alfabetizando a distância, anônima a vida inteira, com a consciência da missão, de ter ajudado a moldar várias crianças.

Veja, ganhei várias mudas de palmeiras imperiais. A pessoa que as deu me disse para estudar cuidadosamente onde plantá-las, porque certamente não as verei já grandes. Mas isso não me pareceu um problema, afinal, eu só tenho a oportunidade de apreciar as árvores maravilhosas que estão na fazenda porque, um dia, alguém as plantou, do contrário, não haveria aquela paisagem hoje. Essa ideia de dar continuidade à natureza também depende dos motivos de cada um. Aí se vê claramente a noção de motivação.

O que um líder, um pai, um professor pode fazer é levar a pessoa a refletir sobre seus motivos e educar nesse sentido, contribuindo para que ela se conheça, se descubra: "Seu motivo para fazer isso é permanente ou transitório? É importante ou fundamental? Vai deixar você e as pessoas a sua volta mais felizes?". Ou ainda: "Essa atividade respeita a sustentabilidade ambiental?" – atualmente todos nós temos de nos perguntar isso também. Outro aspecto importante quando conversamos com o filho, por exemplo, sobre a vida profissional: "Você vai conseguir sobreviver da atividade que pretende desenvolver?".

Sempre digo que o empreendedor transforma sonhos em ação. Todo mundo sonha e muita gente transforma seus sonhos em ação. O difícil está mais adiante: *é transformar a ação em resultados*. Em outras palavras, você consegue viver de seu sonho? É esse traço que identifica o empreendedor. O empreendedor está nesse último gancho, transformar sonho em ação e ação em resultado. Porque de nada serve transformar seus sonhos em ação e não conseguir viver daquilo. Já perdi a conta das pessoas que me dizem: "Professor, meu sonho é ser palestrante. O que devo fazer?". Respondo: "Faça palestras". O problema delas não é se tornarem palestrantes, mas sobreviver dando palestras. Recomendo ir a igrejas, escolas. O interessado pode visitar uma escola pública, explicar que tem boa formação e pedir para falar ali. Daí a pessoa me diz que dessa forma não ganharia dinheiro. "Ah! Então você não quer ser palestrante, quer ganhar dinheiro", corrijo.

Mussak – Acho que absolutamente todos os palestrantes que conheço começaram a atividade sem ganhar nada.

Marins – Claro, de graça! Sempre tive prazer em dar aulas. Na primeira palestra que ministrei em uma empresa, ganhei um boné e uma garrafa de vinho. Quando eu imaginava que ganharia alguma coisa, muitas vezes ficava sabendo que eles haviam pensado em me perguntar se eu iria cobrar, mas acabavam achando que aquilo poderia me ofender, por eu ser professor de uma universidade federal. Veja, acharam que eu poderia me sentir ofendido, ou seja, consideraram minha palestra *inestimável*.

Mussak – Creio que valeria a pena agora explorarmos a ideia de pertencimento, a qual se encontra nas grandes teorias da motivação. Maslow, por exemplo, divide nossas necessidades de sobrevivência em duas categorias: as de caráter emocional e as de cunho intelectual. Entre as necessidades de sobrevivência emocional, a mais importante talvez seja pertencer a um grupo de semelhantes, de pessoas com as quais compartilhamos valores, pontos de vista, ideais. Algumas empresas capricham em dar às pessoas motivos para se orgulharem de pertencer à empresa. Esse é um fator motivacional importante.

Marins – Uma maneira é envolvendo a família do funcionário, por exemplo.

Mussak – E também dar motivos de orgulho ligados a valores. Sabe aquela história de "vestir a camisa"? A empresa dá simbolicamente uma camiseta quando o funcionário é admitido, ou num evento em que estão todos que já pertencem à organização. "Vestir a camisa da empresa" serve justamente para simbolizar que o indivíduo foi, de fato, incorporado. Mas essa metáfora busca levar a pessoa a vestir aquela camiseta não só no corpo, mas também na alma; espera-se que ela esteja integralmente à disposição daquela causa, e não coloque apenas seu corpo à disposição daquela tarefa. Penso que existem motivações em graus extremamente diferentes. A noção de que a pessoa oferece seu corpo ao trabalho é uma visão antiga, herança da época escravagista, que ainda foi fortemente utilizada no período industrial. Parece que Ford teria dito que, ao contratar o operário, queria seus braços, mas infelizmente a cabeça vinha junto.

Marins – Os operários eram braços, e os supervisores eram chamados de braços pensantes. Observe que interessante o emprego desses termos. A diretoria representava a cabeça. Roberto Mange, que estruturou o Senai no Brasil, fazia uma analogia entre as partes do corpo e os funcionários de uma empresa. Na internet consta a história do Senai, é bem interessante.

Mussak – Acho que é isso mesmo. As pessoas estão em graus de evolução diferentes, o mesmo vale para a sociedade. Isso que você acabou de dizer fez sentido para uma determinada época, mas hoje já não faz sentido.

Marins – Lembrei-me agora de um aspecto que também foi se alterando significativamente com o tempo: conforme comprovado por pesquisas como a da Fundação Dom Cabral, para o executivo contemporâneo, foi se tornando cada vez mais importante, no tema da motivação, equilibrar família e trabalho.

Mussak – De fato. Você sabe que os americanos usam a expressão *work-life balance*, a qual me parece curiosa, porque pressupõe que ou você está no trabalho ou está na sua vida, como se fossem dimensões opostas. Não concordo com isso.

Claro que é preciso saber dosar, mas não se pode imaginar que o trabalho não pertence à sua vida. Você definiu isso há pouco – nós damos as oito melhores horas de nosso dia ao trabalho. Um terço, que é o melhor terço da nossa vida, é dedicado ao trabalho. Se não encontrarmos satisfação em estar no trabalho, dificilmente trabalharemos motivados. Esse é o cerne dos estudos de Domenico de Masi, a quem você se referiu anteriormente. Nós, seres humanos contemporâneos, temos três necessidades fundamentais: (1) precisamos trabalhar, porque do trabalho retiramos nosso sustento e também nossa dignidade. Sentimo-nos dignos quando trabalhamos; (2) também precisamos aprender porque, afinal de contas, estamos na sociedade do conhecimento, são valorizadas as pessoas, os agrupamentos e os países que dominam o conhecimento; e (3) precisamos do prazer, porque o prazer é lenitivo ao sofrimento. E qual é o principal sofrimento da atualidade? O estresse. Se não nos dermos períodos de prazer, não conseguiremos tolerar o estresse.

De Masi explica que, antigamente, realizávamos cada atividade em um lugar diferente: havia um lugar para trabalhar, chamado emprego; um lugar para aprender, chamado escola; e outros para ter prazer, como o clube, a praia, o bar, o campo de futebol etc. Hoje, a moderna sociologia do trabalho considera que existe uma tendência de convergência desses espaços em um mesmo ambiente – logo, passamos mais tempo no ambiente de trabalho. É isso que De Masi chama de ócio criativo, conceito que gerou alguma confusão aqui no Brasil, pois geralmente damos uma conotação diferente à palavra "ócio". A noção criada por esse sociólogo italiano não é a de alguém que fica deitado na rede, sem fazer nada, tendo ideias. Ócio criativo compreende trabalho, mas trabalhar com sentido, porque nosso cérebro funciona assim: ele sente que está produzindo, e isso lhe faz bem; sente que está aprendendo, o que também lhe faz bem; sente que é prazeroso, e isso novamente lhe faz bem. Assim trabalhamos em nossa plenitude. É uma ideia muito interessante, se observada de maneira adequada. Mas é preciso disciplina.

Hoje, o *home office* é uma realidade cada vez generalizada, com a vantagem de evitar o deslocamento, permitindo a mesma comunicação. Provavelmente trabalharemos cada vez mais em nossas casas, porém, se não houver disciplina, não dá certo. Para executar suas atividades no ambiente familiar, é preciso ter algumas regras que sejam respeitadas, pela própria pessoa e pelos demais, para não prejudicar o trabalho, porque a casa nos atrai para outras coisas. Por sua vez, se ela se dedicar exageradamente ao trabalho, descuida da família, da vida pessoal.

Marins – Há também o caso oposto. Imagine que você pergunta a uma criança o que o pai dela faz, onde ele trabalha, e ela não sabe, só sabe que ele chega sujo em casa à noite, mas não sabe onde ele trabalha nem qual é sua profissão. O mesmo em relação à mãe, não sabe nada sobre o local em que ela trabalha. Imagine uma criança de aproximadamente dez anos que não tem a mínima noção do que o pai e a mãe fazem, de onde e como fazem. Nesse cenário, como falar de sentimento de pertença? Penso que é importante procurar implementar programas muito simples, como levar, pelo menos uma vez, os filhos para conhecer o local de trabalho do pai e da mãe. Suponha que o pai fala sempre do Felipe, um colega de trabalho, mas a criança não tem noção de quem é esse Felipe. Então ela teria a oportunidade de conhecer as pessoas que trabalham com seu papai, com sua mãe. Isso também aumenta o sentimento de orgulho do pai em relação à empresa e, portanto, ele se sentirá mais motivado.

Mussak – Ótima colocação Marins, pois, afinal, o trabalho faz parte da vida.

Como descobrir o que o motiva?

Mussak – Ainda sobre a questão da relação entre trabalho e vida pessoal, devemos fazer uma ressalva. Para evitar que haja uma interpenetração excessiva das várias esferas de nossa vida, não é suficiente ter disciplina, pois nós mesmos não paramos de pensar nas pendências das outras esferas, onde quer que estejamos. Isso não é possível, pois não estamos mais na era industrial em que deixávamos a ferramenta na oficina e íamos embora. Hoje, a ferramenta é o pensamento, que nos acompanha para onde formos; portanto é preciso também ter método, organização e flexibilidade.

Marins – É verdade. Já escrevi um artigo sobre o assunto. É necessário ter um espaço, um escritório escondido. No meu escritório, por exemplo, toca o telefone, as pessoas falam comigo, o que fazer para conseguir me concentrar? Chamo de disciplina também a busca de um lugar em que não me interrompam, não se trata apenas da disciplina do tempo. Em estruturalismo, entende-se que a forma condiciona o conteúdo. Por isso digo que, às vezes, o ambiente condiciona o trabalho. Portanto, mudar de ambiente é uma disciplina necessária para que se cumpra a contento determinadas atividades. Por exemplo, fui a uma empresa na qual me disseram que era preciso que os vendedores saíssem para visitar os clientes, mas que eles ficavam ali. Eu disse: "Claro, note o calor que está lá fora. Aqui há o ar-condicionado, os sofás, o café, o suco, as secretárias...". Transformando aquele ambiente num espaço menos convidativo, conseguimos que os vendedores fossem para a rua.

Mussak – Faltava disciplina a eles, Marins.

Marins – Sim, mas a antropologia nos ajuda a entender como as pessoas reagem à realidade circundante. Se meu escritório é bonito, luxuoso, quero que você venha ver como sou importante. Entretanto, se ele não é tão chamativo, se não há tanto conforto, provavelmente preferirei ir até você. Ao modificar a estrutura, a forma, altera-se o conteúdo. O que fazemos para reunir a família no domingo? É preciso ficar brigando com todos? Não, é só preparar uma comida gostosa, convidar os amigos dos filhos e netos. O hábito faz o monge.

Mussak – Sabe, Walt **Disney**, que além de ser pai do Mickey Mouse foi um grande empresário da área do entretenimento, tinha três escritórios. Em um deles, Disney era o criador, trabalhava com aqueles que o ajudavam a criar novos personagens, filmes e revistas. Em outro, ele era o executivo que lidava com as finanças, onde fazia reuniões com o contador, analisava o fluxo de caixa etc.; era ali que ele verificava se a criatividade que teve no outro escritório daria lucro. Já no terceiro escritório ele se colocava na posição do cliente, do consumidor, onde se perguntava se compraria o produto que estava criando. Walt Disney fez isso de forma intuitiva, mas, na realidade, a estrutura que ele criou para sua empresa era a mesma de nosso aparelho psíquico, explicada por Freud.

Sucintamente, podemos dizer que Freud, em seus estudos, esclarece que somos guiados por dois instintos básicos: o instinto de sobrevivência e o instinto de busca pelo prazer, regido pelo princípio do prazer. Ele deu o nome de id à estrutura de nosso aparelho psíquico que rege este último. Contudo, se as ações do indivíduo forem governadas por seu id todo o tempo, ele só vai fazer o que lhe der prazer, e isso nem sempre é possível. Por isso, há outra estrutura chamada superego, que se relaciona com as influências ambientais; preocupamo-nos com os outros e com a imagem que a sociedade tem de nós. Isso nos impede de fazer só o que desejamos. E a estrutura que cumpre o papel de mediador é o ego. A força do ego vem de uma adequada relação entre id e superego. Quando alguém libera ou sufoca excessivamente seus instintos básicos, há um desequilíbrio. Walt Disney dividiu seu aparelho psíquico em três salas.

Marins – Mas, no que diz respeito à empresa, de onde vem a motivação para que as pessoas trabalhem? Certa vez me perguntaram se eu, como palestrante, não ficava preocupado de levar os funcionários à reflexão e que eles acabassem chegando à conclusão de que seus objetivos pessoais não coincidiam com os da empresa. Se eu não temia ir na direção contrária ao que a empresa esperava de mim.

Sabe como trabalho para levar os funcionários à reflexão sobre seu papel sem, ao mesmo tempo, deixar de corresponder ao que a empresa espera que eu faça? Por exemplo, se eu for preparar uma palestra para uma empresa de cimento, começo falando da origem e do uso do cimento na sociedade contemporânea, do uso do cimento nas moradias etc. Quer dizer, procuro dar àquelas pessoas esse sentimento de valor. Elas não estão ali somente produzindo cimento. Em todas as empresas, as pessoas deveriam ter, no cartão, "atendimento ao cliente", "vendas", porque todas estão ali para servir o cliente e para vender aquele produto ou serviço. Não há ninguém desnecessário em uma empresa. A prova disso é que, com a pressão atual sobre os custos, se alguém for descoberto como desnecessário, logo não estará mais ali, não é verdade? Algumas pessoas ocupam posições de maior visibilidade do que outras, mas todas são indispensáveis para que os objetivos sejam atingidos.

Mussak – Se, ao fazermos o indivíduo refletir mais sobre sua condição na empresa, ele optar por deixá-la, não acredito que tenhamos ido contra os objetivos de quem nos contratou. Considero que, se a pessoa saiu, fizemos um benefício para ambas, pois, nesse caso, certamente aquele não era o lugar em que ela deveria estar; provavelmente ela não estava "vestindo a camisa".

Marins – Mas acho que a responsabilidade de quem fala também é muito grande, porque posso induzir alguém a tomar decisões das quais vai se arrepender depois. É por isso que, em uma palestra de cerca de uma hora, é muito importante saber o que dizer, para não ser irresponsável e inconsequente a ponto de transmitir a sensação errônea – talvez não seja errada, mas errônea para quem está ouvindo – de que ali não é o lugar dele. Sempre recomendo que todos pensem muito, que evitem tomar decisões irrefletidas. Porque, às vezes, a pessoa pode usar uma palavra sua como muleta para evitar uma dificuldade que tem de enfrentar.

Mussak – De certo modo, você está comparando o papel do palestrante ao papel do terapeuta.

Marins – Não é a mesma coisa, mas pode-se despertar algo na pessoa...

Mussak – Na realidade, nós, na condição de palestrantes comprometidos, temos por função, como educadores, estimular o pensamento das pessoas. E oferecemos alguns elementos para isso. Geralmente, nas empresas, as pessoas estão muito voltadas para sua tarefa, seu cotidiano, e isso faz com que tenham pouco tempo para buscar por mais informações sobre tudo que está acontecendo. Hoje as empresas esperam que as pessoas sejam focadas, que empreguem toda a sua energia na execução das tarefas e que o façam com qualidade. O problema é que esse foco pode se transformar no que chamamos de *foco alienante*. Você sabe tudo sobre o que está no centro dessa mesa, mas não tem condições de ver a mesa. Acho que o palestrante tem também a função de levar à percepção do todo – isto é, de mostrar o contexto e estabelecer algumas conexões. Procuramos ajudar as pessoas a conectar os pontos. O que não fazemos é dar conselhos. Nem o *coach* faz isso. O *coach* é, hoje, um profissional em ascensão. Muitas vezes somos chamados para fazer *coaching*. Já fiz em alguns casos especiais, mas ultimamente não tenho tido tempo.

 Considero que há duas premissas básicas para realizar um bom trabalho como *coach*: primeiro, a verdade tem de estar presente o tempo todo. O profissional não pode tentar me enganar, porque estaria enganando a si mesmo. E, segundo, não estou ali para dar conselhos, para dizer o que ele deve ou não fazer. A minha função, ao emprestar um pouco do meu tempo, meus ouvidos, meu conhecimento e minha experiência de vida, é ajudar aquela pessoa a tirar suas próprias conclusões. Essa é a função do *coach*. E, como palestrante, isso seria ainda mais grave, porque ficamos pouco tempo com as pessoas. Não é essa a nossa função. O terapeuta tampouco aconselha seu cliente. Nesse ponto, nosso trabalho se parece.

Creio que podemos auxiliar as pessoas a encontrarem sua vocação. Acho que todo mundo tem uma vocação. O que se pode fazer para descobrir a própria vocação? Recomendo observar três condições: a primeira é examinar o que a pessoa aprende com relativa facilidade. Eu, por exemplo, até já estudei piano, mas não tenho vocação para ser pianista – Howard Gardner diria que não é meu tipo de inteligência. A segunda condição é atentar para o que ela faz com relativa facilidade. Por exemplo, eu dou aulas com alguma facilidade. A terceira condição para saber se ela tem vocação, ou não, para determinada ocupação é perceber se se sente feliz ao fazê-lo. Novamente tomando minhas experiências para exemplificar, eu não consegui ser feliz praticando medicina. Não era minha vocação. Mas sou feliz dando aula. Essa é minha vocação.

É por isso que acredito sinceramente que contribuímos tanto com a empresa quanto com a pessoa quando a ajudamos a descobrir que aquele trabalho não é sua vocação (mesmo que ela acabe deixando a empresa).

Marins – Esse é o verdadeiro trabalho de motivar pessoas: fazê-las pensar em suas razões. Acho importante que as pessoas se dediquem integralmente nessa busca. Como mencionei anteriormente, o único perigo é o palestrante querer ser o dono da verdade. Procuro sempre fundamentar minhas palestras em dados do mercado. Vou dar um exemplo: tomando-se o PIB de 2007, Curitiba é a 94ª maior economia do mundo, num panorama de 192 países que compõem a ONU. Assim, só o PIB do município de Curitiba é maior que o de Bolívia (99º), Honduras (101º), Paraguai (102º) e Afeganistão (104º), conforme dados que podem ser conferidos no *site* da Anthropos Consulting (www.anthropos.com.br). Desse modo, forneço um motivo para o pessoal de vendas atuar com afinco. Mostro que a cidade de Curitiba é maior que vários países. Portanto, tem de haver mercado ali. Cabe a esses vendedores descobrir esse mercado. Em resumo, não há argumento que prove o contrário. O que está faltando para eles? Talvez planejamento, talvez foco. Mas os moradores daquela cidade continuam comendo, bebendo, comprando roupas etc. Se sua empresa não está atendendo a esse mercado, alguém certamente está.

Mussak – Houve uma época em que faltavam dados sobre o mercado, mas hoje não. O *site* da Anthropos, por exemplo, é uma fonte de consulta baseada em pesquisa séria, portanto confiável. Com frequência o que falta não são as fontes, é percepção, análise, cérebro analítico, um certo "espírito científico".

Desafio, aprendizagem e inovação

Marins – Uma observação: sabe algo que motiva muito? Apresentar comparações. Nós, brasileiros, não temos o hábito de comparar. Geralmente fornecemos dados assim: "tantos milhões de toneladas de biscoito". Porém, quando afirmamos que se trata do segundo maior mercado do mundo de biscoitos e que, *per capita*, comemos muito menos biscoito que outras nações, esse panorama permite ter uma visão do quanto ainda podemos crescer, e as pessoas entendem.

Mas por que temos tendência de falar em valores absolutos, em vez de citar os números relativos? Certa vez fiz um curso de fotografia em Sorocaba. O professor mostrou uma fotografia de uma árvore imensa e perguntou quantas pessoas seriam necessárias para abraçar aquela árvore. Cada aluno supôs um número diferente – cinco, oito etc. Ele, então, tirou um bonsai de debaixo da mesa: era aquela árvore (e a foto havia sido feita sem referência, bem de perto). Em outras palavras, o referencial é indispensável para que possamos dimensionar os dados, as informações de que dispomos. O que não se mede e não se compara, não existe.

Mussak – Interessante. Sabe, Marins, para saber o crescimento de uma criança, fazemos isso também. Se uma criança de seis anos vai ao médico e os pais querem saber qual será sua altura ao final do crescimento, é preciso descobrir a idade óssea dela. Faz-se uma radiografia da mão dela para comparar a idade óssea com a cronológica. Um garoto de 14 anos pode ter uma idade óssea correspondente a dez anos. Portanto, ele vai crescer muito ainda, porque seus ossos crescerão como se ele ainda tivesse dez anos. Há pais que se espantam, pensando que seu crescimento está atrasado, mas na realidade isso é vantajoso, porque significa que ele ainda tem muito para crescer. Ao contrário, se ele tiver 14 anos e idade óssea de 20, não vai crescer mais.

Voltando a seu exemplo sobre o mercado, além do tamanho, devemos considerar também seu grau de maturidade. É o caso do Brasil. Somos um mercado muito menor do que os Estados Unidos, por exemplo. Mas é muito mais fácil desenvolver uma empresa aqui do que naquele país, por causa do grau de maturidade. Aqui, quase tudo está para ser feito. Lá, já está quase tudo pronto.

Marins – Acho que essas comparações acabam permitindo que a pessoa reflita sobre seu comportamento e veja que não tinha razão para reclamar. Ela então vai procurar os meios para desenvolver sua atividade, seu mercado.

Mussak – É aquela história que todo mundo conhece, mas que ilustra exatamente esse tópico. Um vendedor de sapatos chega a uma cidade e informa para sua matriz que não conseguirá vender nenhum par ali, porque ninguém usa sapatos. Outro vendedor chega na mesma cidade logo depois e envia a seguinte mensagem para a sede: "O mercado daqui é maravilhoso! Todos estão descalços, todos precisam de sapatos". Quer dizer, o dado é o mesmo, mas a interpretação foi totalmente diferente. Talvez a motivação, Marins, concordo com você, esteja em oferecer os dados, mas também oferecer meios para que as pessoas os interpretem.

Marins – É por essa razão que acredito que os dados devem ser fornecidos em comparação à realidade de quem os recebe. Por exemplo, no ano passado estive em Batatais. Essa cidade é economicamente maior que o Timor Leste. Eles perguntam então sobre a grande região de Ribeirão Preto, da qual Batatais faz parte. Qual seria a equivalência? Seguimos a mesma estrutura da metodologia utilizada na pesquisa científica. Como se faz para mensurar esse mercado? Meu papel é ajudar as pessoas a pensar, porque pode ser que elas não tenham tido essa experiência na escola, ou já esqueceram como se faz. Digo então para irem à Associação Comercial, ao sindicato, que visitem outras empresas de seu setor. E assim elas começam a descobrir o caminho. Acho que essa é a motivação empresarial. A motivação está muito relacionada ao aprendizado. Como vimos na pesquisa citada anteriormente,[2] o que os votantes colocaram em primeiro lugar era sentir-se "constantemente treinado e se desenvolvendo profissionalmente".

Afinal, o que é empregabilidade? A questão está relacionada à sua explicação sobre as ideias de Domenico de Masi. Por vezes o profissional se sente "emburrecendo" em seu emprego, indo para trás, ao invés de ir para frente. Então, o que o motiva? Aprender; quando alguém o ensina a aprender.

Mussak – Tenho um primo, da minha geração, que fez engenharia na UFPR enquanto eu cursava medicina. Muito inteligente, foi aprovado num concurso da Petrobras quando estava entre o quarto e o quinto ano da faculdade. Pediu então transferência para a UFRJ, pois decidiu aproveitar aquela oportunidade. Meus tios ficaram muito felizes, pois achavam que o filho já estava com a vida feita, que faria carreira ali. Cerca de dois ou três anos depois, eu me lembro da decepção do meu tio e do desespero da minha tia quando ele informou que estava saindo da Petrobras para trabalhar em uma empresa alemã que estava começando a desenvolver projetos na área de energia nuclear. Nessa empresa ele não teria a segurança de emprego e carreira que a Petrobras oferecia. E por que deixou seu emprego? Porque se sentiu

---

2. Cf. Capítulo "O que é mais importante para você no trabalho?".

desafiado pela oportunidade de aprender algo totalmente novo. O desafio intelectual é muito importante. Às vezes converso com executivos, com diretores, sobre o desafio como forma de motivar seus funcionários. No entanto, isso varia de indivíduo para indivíduo; há pessoas que não se sentem motivadas pelo desafio.

Marins – Creio que isso depende também do nível do desafio. Um trabalho que é estimulante para você, pode ser estressante, ou até desestimulante, para outra pessoa, mas isso não significa que ela não queira desafios. É preciso dosá-los.

Mussak – Há também a maneira de perceber o desafio. O estresse não deriva do tamanho do problema, mas da desproporção entre o tamanho do problema e a capacidade de enfrentá-lo. Quando o tamanho do problema é muito maior do que a capacidade, o indivíduo vai se estressar. Quando acontece o oposto, a capacidade é maior do que o problema, ele vai se entediar. Se o indivíduo só consegue trabalhar em uma relação quadrada – ou seja, só aceita enfrentar problemas equivalentes à sua capacidade, ele acabará se acomodando. E a quarta possibilidade é ter um problema maior do que a capacidade, mas não tão grande que não possa permitir o desenvolvimento da capacidade para vencê-lo. O desafio não é fazer aquilo que sempre fizemos, é fazer algo novo.

Marins – O que melhor ilustra o tema é o elástico. Se ele fosse uma pessoa, como ele seria mais ou menos motivado? O que o motiva? Veja bem, ele foi feito para quê? Para ter uma tensão, ele foi desenhado com essa finalidade. Se o deixamos em repouso, ele está sendo subutilizado (no caso do funcionário, é a situação entediante), mas se o estirarmos além de seu limite, ele vai arrebentar...

Mussak – Ele deixará de cumprir sua missão.

Marins – Qual a função do líder? É saber o máximo da tensão, também chamada de *tensão dinâmica*. O máximo de tensão dinâmica, conhecida como "positiva", antes de o desafio se tornar inadministrável por aquela pessoa.

Mussak – No caso dos trabalhadores, por vezes será necessário substituir aquela pessoa que não suporta a tensão dinâmica, ou desenvolvê-la para que passe a suportá-la.

Marins – Em antropologia, estudamos o tema com o auxílio de duas curvas: uma chamada de curva de aptidão – que serve tanto para pessoas quanto para sociedades, a qual visa representar o que cada um é capaz de fazer –, e outra chamada curva de aspiração, que reflete os anseios. Quanto mais distante uma linha estiver da outra, maior a infelicidade. No caso dos brasileiros, geralmente essas curvas estão muito próximas. Por diversas razões, entre as quais o fato de a Argentina dos anos

1920 ter sido uma das maiores economias do mundo, o nível de aspiração atual de seu povo é muito elevado e, como a situação econômica está difícil, a curva de aptidão está muito baixa. Esse *gap* é muito grande, há discrepância. Sociedades como a argentina só falam do passado, porque naquele tempo essas curvas eram mais próximas.

Uma pesquisa inglesa sobre estresse que me pareceu genial foi feita da seguinte forma: um grupo de indivíduos foi colocado num local ruidoso – em que eles eram interrompidos por várias pessoas, com telefone tocando, música alta etc. – para executar uma tarefa que exigia grande concentração. Mediram o nível de estresse dos participantes diversas vezes. Em uma escala que ia de zero a 100, o resultado médio foi 80. O segundo experimento foi colocar outro grupo para realizar a mesma tarefa, no mesmo local. O grupo de controle é assim, mesma tarefa, mesmo nível de ruído inicial. Para este, foi explicado que, se acionado um determinado botão à frente de cada um, toda a fonte de estresse cessaria, o barulho seria interrompido imediatamente; e lhes foi dado um tempo para executar aquela tarefa. Havia apenas uma recomendação expressa: o botão só deveria ser pressionado em último caso, quando já não fosse possível aguentar, mesmo. O resultado do segundo grupo de controle foi o seguinte: ninguém apertou o botão e o nível de estresse foi 40, em vez de 80. Como explicar essa diferença? Só o fato de ter a possibilidade, a opção, já alterou o resultado. Por que a profissão de empresário (e o autoemprego de modo geral) é tão interessante? Porque, embora seja estressante, sempre existe a possibilidade de se cancelar algum compromisso, pois o indivíduo é seu próprio patrão. Ontem encontrei um colega nosso que estava saindo de viagem por dez dias. Ele cancelou três compromissos e foi viajar. Na verdade, em 99% das vezes não cancelamos nenhum compromisso, mas só o fato de você saber que pode fazer isso, já reduz seu nível de estresse.

Mussak – Certa ocasião, faz muito tempo, um professor expôs um tema que está diretamente ligado a isso. Baseado na teoria da informação, ele usou a música para ilustrar que, quando encontramos excesso de novidade, de "informação", que era então o caso da música dodecafônica, que utiliza outra escala, tendemos a não gostar dela, porque aquilo nos parece barulho, e não música. Em contrapartida, também tendemos a não gostar de melodias muito comerciais, nesse caso porque elas soam redundantes, porque antes do final da frase já sabemos qual será a rima etc. Então, quais músicas nos inclinamos a apreciar? Aquelas que têm componentes conhecidos, mas também certa proporção de novidade (o que, por sua vez, depende também do nível cultural de cada um). Nós precisamos sempre de novidades suficientes na vida, nas relações, mas também gostamos do conforto do que é conhecido. Trata-se de uma equação que, para ser fechada, exige um grau razoável de maturidade.

Marins – Fiz um curso de estética com o famoso maestro Koellreutter aqui no Brasil, que dizia que estética é o inesperado. Veja que bonito! Ele então cantarolava um início de melodia bem conhecido e todo mundo completava com a sequência já assimilada e ele dizia que isso não era estético. Finalizava então de outro modo aquela frase musical, nos afirmando: "Isto sim é estético", o surpreendente.

Mussak – O poeta alemão **Goethe** dizia que não há nada mais difícil de suportar do que uma sucessão de dias belos. Lembrei disso porque passei o último fim de semana no sul da Bahia, num *resort* que é um verdadeiro paraíso na terra. O sul da Bahia é maravilhoso, não é verdade? Eu e minha mulher ficamos lá por três dias e foi sensacional. Agora, imagine ter de ficar ali indefinidamente, sem sair daquela sucessão de dias belos... Eu não suportaria.

Marins – Mas como o primitivo vive? Veja o que fizeram conosco.

Mussak – Possivelmente porque, sendo expostos a uma nova realidade, não suportamos mais a melancolia da vida natural, por mais bela que seja.

Marins – Eu tinha, por brincadeira, um *spray* com CO_2. Quando meus amigos paulistanos iam visitar minha fazenda, eu perguntava se ninguém estava se sentindo mal com o ar tão puro que estavam respirando, e espirrava um pouco do *spray* poluidor. Afinal, já nos desacostumamos de respirar ar puro. Mas a brincadeira tem seu fundo de verdade. Conheço gente que foi transferida de São Paulo para o interior, por causa do trabalho, e não conseguiu se adaptar. Certa vez, uma pessoa me disse que um galo que cantava todas as manhãs, nas redondezas de sua casa, a estava enlouquecendo. Ela decidiu voltar para São Paulo.

Mussak – Em seu livro *De volta à natureza*, o escritor francês René **Barjavel** expõe isso com clareza. Tornamo-nos inaptos para viver sem os avanços da civilização, incluindo-se, entre eles, uma dose do estresse da vida urbana. Entre o estresse e o tédio, ficamos com o primeiro.

Raízes e asas:
Viver o presente com os olhos no futuro

Mussak – Eu gostaria de tratar de mais um item da motivação que ainda não abordamos na nossa conversa: o fator motivacional advindo da visão de futuro.

Marins – O ser humano é o único animal que tem consciência do futuro.

Mussak – Justamente por isso a motivação do homem não pode ser comparada à dos animais, que se satisfazem com a manutenção do presente. O homem tem perspectiva de futuro, o que lhe permite enfrentar as dificuldades do presente. No estupendo *Madame Bovary*, de **Flaubert**, a personagem central, Emma, queixa-se do esposo, e me chamou particularmente a atenção um trecho em que ela diz que seu marido é muito bom, atencioso, mas não é ambicioso. Ela, ao contrário, é ambiciosa, ela quer mais da vida. Naquele tempo, a mulher não devia ser ambiciosa, quem tinha de ser ambicioso era o marido, mas seu nível de expectativa é mais elevado do que o dele. Em certo momento, ela diz algo assim: "Quando olho para meu futuro, vejo um corredor escuro com uma porta fechada no seu extremo". E isso a desesperava. Ela não conseguia manter a motivação no casamento porque, ao olhar para adiante, via apenas um trajeto sombrio e sem saída.

Muitas vezes isso também ocorre nas empresas: ao procurar visualizar suas perspectivas de futuro, o indivíduo não encontra nenhuma oportunidade concreta de crescimento, de desenvolvimento. Então, será que motivar a pessoa não significaria também iluminar um pouco esse corredor e mostrar brechas? Não abrir a porta para ele, mas estimulá-lo a tentar abri-la?

Marins – Ou estimulá-lo a entender o valor de caminhar pelo corredor.

Afinal, quem fica olhando só lá na frente, acaba desconsiderando o fato de que só tem poder no presente, só pode tomar decisões no *hic et nunc*, aqui e agora.

Mussak – Fernando Pessoa tem um poema muito bonito que é pouco conhecido porque foi escrito em inglês e não é fácil encontrá-lo. Eu deparei com ele em um livro de poemas raro intitulado *Work*. Diz mais ou menos o seguinte:

Não vieste à terra para perguntar
Se Deus, vida ou morte existem ou não.
Pega a ferramenta para trabalhar
Pondo na tarefa cada pulsação.
Ferramentas, tens, não procures em vão –
Saúde, fé em ti, arte eficiente,
Capacidade, poder de expressão,
Coração sensível e força da mente.

Ou seja, a pessoa tem de se entregar totalmente à sua atividade (também é dele esta maravilha: "Sê inteiro em tudo que fazes..."). Isso vai permitir que ela consiga abrir aquela porta. Depois, ela terá de se entregar a novos desafios, haverá outros corredores...

Marins – Só é preciso tomar cuidado com o ativismo – a tendência de estar todo o tempo em atividade, típica de um fazedor nato, daqueles que "matam um leão por dia", hiperativo. A pergunta é: será que ele está fazendo o que deveria? Então, ao mesmo tempo em que há o *hic et nunc*, o aqui e agora, nossa inteligência diz que devemos planejar. O perigo em uma sociedade como a nossa é achar que viver o presente é fazer, realizar, agir. Nem sempre. Há o momento de amar, de questionar, de jogar conversa fora, entre tantos outros.

Mussak – Às vezes viver é não fazer, é experimentar o remanso, o silêncio.

Marins – Esse dado é fundamental. Somos inteligentes e livres pela vontade, já discutimos isso, mas de nada serve uma pessoa ser cognitivamente erudita e perfeita, se ela não for emocionalmente equilibrada. E se há oito ou nove tipos de inteligências, não existe "burrice"; portanto, só falta domar a vontade. A questão então é: sou inteligente e livre, mas quando? Se o minuto que passou não me pertence, não sou nem existo um minuto atrás, nem um minuto à frente, só sou e existo aqui e agora, só tenho domínio sobre mim mesmo neste instante. Esse é o único momento real da existência, diziam os romanos. O que devo fazer? Viver o momento presente (*carpe diem*)? Mas minha inteligência me diz que não posso deixar de planejar, senão corremos o risco de nos tornarmos hedonistas, inconsequentes. Tenho de planejar porque eu não sei como será o dia de amanhã.

Mussak – Marins, tanto é verdade que só existe presente, que até o futuro só existe no presente, não é mesmo? Afinal, o futuro só existe na nossa cabeça. Quando se tornar presente, deixará de ser essa projeção que lançamos sobre o desconhecido, o porvir. A inteligência nos permite ter a percepção de que o futuro vai virar presente e de que, quando isso ocorrer, ele será tão melhor ou pior dependendo de quanto o indivíduo o planejou hoje. Sempre lembrando, entretanto, que o planejamento só existe em função de um objetivo. *E o objetivo é que é a grande motivação.* Cada um de nós deve responder à questão: aonde eu quero chegar?

Marins – É, sem dúvida. Além disso, a noção de futuro varia de uma cultura para outra.

Mussak – É verdade. Isso também é válido para o que se refere à cultura organizacional. Em algumas empresas, fala-se de futuro considerando um horizonte de seis meses, um ano, no máximo dois, enquanto em outras o horizonte chega a ser de um século, quando todos os que a dirigem já estarão mortos. Para a história da humanidade, o que importa é o desenrolar dos fatos na perspectiva de longo prazo. Ilustro com uma historieta: dizem que, certa feita, alguém perguntou para Mao **Tsé-Tung** o que ele achava da Revolução Francesa. Ele respondeu que ainda era muito cedo para dizer.

Marins – Também gostaria de contar uma pequena história sobre a dimensão de tempo e espaço. O rei Salomão encontrou com Deus e lhe perguntou: "Quanto é um milhão de anos para o senhor?". Deus respondeu: "Para mim, é um momento". E Salomão questionou: "E um milhão de dólares (no dinheiro da época)?". "Para mim, é um centavo". O rei Salomão então, esfregando as mãos, perguntou: "O senhor me dá um centavo?". Deus prontamente respondeu: "Claro que dou. Espere um momento".

Mussak – Maravilhosa, essa parábola. Em síntese, para toda decisão é preciso ponderar todos os fatores envolvidos, considerar o leque de possibilidades armazenadas no futuro. Provavelmente, só uma delas virá à luz, só uma delas se concretizará. Admiro profundamente o espírito visionário do padre Antônio **Vieira**, que lá no século XVII escreveu um livro chamado *A história do futuro*, em que ele diz que contar a história do passado é fácil, difícil é dizer o que ainda vai acontecer, mas que é possível assumirmos a responsabilidade pelo porvir. Em termos empresariais, isso é fundamental, e chama-se *planejamento estratégico*. Aliás, falando em decisões estratégicas na área comercial, o que você pensa da ideia de fidelização de clientes, tão em voga na atualidade?

Marins – Não acredito muito que seja possível fidelizar os consumidores hoje. Você é fiel às marcas que compra? É difícil saber se essas pesquisas de fidelidade fazem sentido. Os fatores são individuais e coletivos ao mesmo tempo. Vamos imaginar como o José faria para sopesar argumentos prós e contras numa decisão de consumo importante: "Tenho que mostrar esse carrão para o meu cunhado. No almoço de domingo, ele diz para minha sogra e minha mulher que sou um fracassado e coisa e tal. Então, tenho que comprar um carrão". Porém, ele não pode comprar um carro que não tenha assistência técnica ou cujas peças sejam muito caras. É preciso haver um equilíbrio entre motivos emocionais e funcionais, concretos, reais. Se cometer uma loucura, terá de arcar com as consequências. Se comprar e não puder pagar, a situação pode ficar ainda pior...

Mussak – Na verdade, deve-se buscar o equilíbrio na relação do aqui e agora com o futuro. Existem pessoas que sempre transferem a felicidade para depois. É aquele indivíduo que será feliz quando atingir o resultado esperado, quando ficar rico, tiver um negócio próprio ou comprar um carro. Ele não vive o aqui e agora. Outros fazem o contrário, dedicam-se tanto ao presente que se esquecem do que está por vir.

Marins – Chupam a laranja antes de amadurecer.

Mussak – Não resisto a citar novamente Goethe. Ele tem uma frase muito bonita que se refere à educação que os pais dão aos filhos. Ele diz que tudo que podemos dar a nossos filhos são *raízes e asas*. Veja que coisa magnífica, embora aparentemente contraditória.

Marins – Jack **Welch** diz que o líder deve sonhar e comer ao mesmo tempo.

Mussak – É isso aí, boa Marins, você está conectando Jack Welch a Goethe. Aparentemente ambos falam de elementos contraditórios. As raízes prendem, enquanto as asas permitem voar. Na verdade, não são ideias opostas, mas complementares. É a possibilidade de viver intensamente o presente sem desconsiderar a responsabilidade pelo futuro. Motivar é fazer a pessoa trilhar todos esses caminhos e desenvolver a vontade. Você, Marins, costuma terminar seus artigos com a frase "Pense nisso", e assim convoca as pessoas a refletir. E você é um autor que, para estimular o pensamento, vale-se muito da emoção construtiva, a qual você acessa por meio do aspecto anedótico, do afetivo, do interessante, para provocar a razão no final.

Marins – Efetivamente, sempre conto casos, exemplos concretos. Qual é meu objetivo como professor? Uso conceitos complexos e os simplifico para o entendimento dos alunos, dos ouvintes. Tomo, por exemplo, algumas teorias da antropologia e procuro aplicá-las no dia a dia deles. E uma das maneiras de fazer isso é contando histórias. As pessoas riem, mas são todos fatos reais.

O desejo, a necessidade e a motivação

Mussak – Marins, o que temos falado até aqui é que as pessoas produzem sua motivação, mas concordamos que o meio onde estão inseridas as influencia nesse processo. O conjunto de regras, valores e estratégias de uma empresa compõe aquilo que chamamos de cultura organizacional, e esta reflete na motivação – ou desmotivação – das pessoas. Você, como antropólogo, como analisa a questão da cultura em um agrupamento humano como uma empresa?

Marins – E o que é cultura em antropologia? Ela é composta por suas tradições (seu passado, sua história), suas necessidades (que é seu presente), e suas aspirações (ou seja, sua visão de futuro). Essa é a síntese da cultura de um povo: é o conjunto de seu passado, seu presente e seu futuro.

Mussak – Ótima, sua síntese. Explica por que uma empresa tem de construir sua cultura em função dos objetivos que deseja atingir. Às vezes, seus dirigentes traçam um objetivo, desenham uma estratégia e, depois, percebem que essa estratégia não pode ser executada, porque aquela cultura não está preparada para levá-la a cabo. A cultura é a estrutura psicológica da organização. Assim como é preciso que exista uma estrutura física, também é necessária uma estrutura psicológica, que é a cultura, a qual deve ser coerente com as necessidades e os desejos da organização, que se refletem nas pessoas. Já exploramos as intersecções entre as necessidades e os desejos, por isso me abstenho aqui, mas, para resumir as grandes motivações humanas, eu as reuniria em três grandes categorias: (1) a remuneração, que me permite pagar as contas e evitar sofrimento; (2) o prazer de trabalhar naquele local, naquela empresa em que acredito, tenho orgulho de trabalhar ali, o clima é agradável etc.; e (3) a imagem de futuro que consigo projetar. As três estão ligadas às necessidades e aos desejos humanos.

Marins – Eu queria ainda falar sobre o livre-arbítrio, questão importante no que se refere à realização de desejos. Há muitas coisas que podemos fazer, mas não devemos. Podemos, por exemplo, enxotar as pessoas de nossa casa porque queremos ficar sozinhos. Agora, devemos? Você faria? Esse é outro problema. Quanto maior o controle social, maior o peso do dever sobre o exercício do poder. Em uma cidade pequena, como quase todo mundo se conhece, teoricamente há menor incidência de traições conjugais, ou seja, o controle social é maior. Já numa cidade como São Paulo, onde estamos imersos no anonimato quase sempre, o controle social reduzido deixa mais brechas para os desvios de comportamento do indivíduo.

Mussak – Civilização é controle, sem dúvida, só varia de intensidade. Além disso, o controle pode ser institucional, quando é regido pelas leis, ou moral, quando se exerce pelos costumes. Neste caso, a confiança é fundamental, porque quanto maior a confiança entre as pessoas, ou entre as instituições, menor a necessidade de controle.

Marins – Mas qualquer pessoa pode romper com tudo isso e fazer só o que quiser. Ela não o faz, de fato, exclusivamente porque as consequências podem ser muito danosas e graves. É uma questão de *trade-off*, são as compensações, as trocas que nos dispomos a fazer.

Mussak – Precisamente: cada vez que escolhemos uma coisa, perdemos outra. Troca-se isso por aquilo. E hoje o *trade-off* é provavelmente uma das principais causas de angústia do homem moderno, porque ele tem muitos *trade-offs* para fazer o tempo todo. É difícil passar pela angústia de fazer escolhas porque elas representam perdas. Por isso é necessário maturidade para administrar os desejos e fazer as escolhas certas.

Marins – Ter desejos, sim, é uma necessidade. Realizá-los pode não ser, mas ninguém consegue viver sem desejos. A inteligência de cada um deve definir, de acordo com seus objetivos, o que é essencial, importante ou incidental. Se aquele desejo é essencial ou não, se antes disso a pessoa prefere atender a suas necessidades básicas ou não.

Mussak – É verdade, tudo é necessidade, até o desejo. O desejo está, na escola clássica da psicologia, ligado ao prazer.

E o prazer era considerado desnecessário para a manutenção da vida, para a vida básica, meramente física. Contudo, se não fosse pelo desejo de termos prazeres, não teríamos evoluído, porque teríamos a caverna para nos abrigar da chuva, raízes e carne crua para comer. A partir do momento em que começamos a produzir prazeres em forma de arte – música, poesia, literatura –, tudo isso propiciou nossa evolução.

Marins – E não existe nenhuma sociedade humana em que a arte não esteja numa posição de destaque. Os aborígenes australianos, por exemplo, antes da guerra, passam três ou quatro dias se pintando, se arrumando. Aqui, no Brasil, fazem arte plumária. O que são as pinturas rupestres dos aborígenes? Como podemos explicá-las?

Mussak – No filme *Sociedade dos poetas mortos*, há uma cena muito bonita em que o professor de literatura olha para os alunos e diz: "Vocês sabem por que a gente faz engenharia, medicina ou química? Para poder viver mais. Viver mais para quê? Para poder apreciar mais músicas, poesias, arte, amor, que são, de fato, as coisas que justificam nossa existência". E, falando em poesias e desejos, lembro do **Drummond** que escreveu "Desejos", você conhece? Ele faz uma lista do que deseja para si mesmo e para aqueles que ama. Não me lembro de todo o poema, mas o começo é assim:

Desejo a você
Fruto do mato
Cheiro de jardim
Namoro no portão
Domingo sem chuva
Segunda sem mau humor
Sábado com seu amor (...)

e por aí vai. E é isso que eu lhe desejo, amigo Marins, e também a todos os nossos leitores. E que possamos, todos, conectar nossos desejos com nossas possibilidades, nossa motivação com nossas competências e, claro, nosso sucesso com a construção de um mundo melhor.

Glossário

Aristóteles (384 a.C.-322 a.C.): Filósofo grego, é considerado um dos maiores pensadores de todos os tempos. Ao lado de Sócrates e Platão, figura entre os expoentes que mais influenciaram o pensamento ocidental. Discípulo de Platão, interessou-se por diversas áreas, tendo deixado um importante legado de lógica, física, metafísica, da moral e da ética, além de poesia e retórica.

Bacon, Francis (1561-1626): Filósofo e ensaísta inglês, atuou ainda como político. Considerado por alguns como o fundador da ciência moderna, dedicou-se particularmente ao estudo da metodologia científica e do empirismo. Sua principal obra filosófica é o *Novum Organum*.

Barjavel, René (1911-1985): Escritor e jornalista francês, conhecido principalmente por seus romances de ficção científica e fantásticos, que exprimem a angústia do homem perante a tecnologia. Alguns temas são recorrentes em seus livros, como a decadência da civilização ocasionada pelos excessos da ciência e da guerra, o caráter eterno do amor etc. Seu estilo mescla aspectos poéticos, oníricos e filosóficos.

Chaplin, Charles (1889-1977): Foi ator, diretor e produtor cinematográfico, que alcançou sucesso mundial ainda na época do cinema mudo. Muito criativo, também escreveu roteiros e chegou até a compor a trilha sonora de alguns filmes. Aos 10 anos deixou a escola e foi trabalhar como mímico. Em 1910, viajou para os Estados Unidos com seu grupo de mímica e acabou permanecendo no país. Em 1914, ocorreu sua primeira aparição no cinema, no filme *Carlitos repórter*. Em 1918 fundou, com alguns amigos, seu próprio estúdio, o United Artists, sociedade que se manteria até 1952. Em 1927, quando o som foi introduzido no cinema, a princípio Chaplin se recusou a adicionar voz a seus personagens, mas em 1940, forçado a se adaptar, lançou *O grande ditador*, filme muito bem recebido pelo público.

Cortella, Mario Sergio (1954): Filósofo brasileiro, é mestre e doutor em educação pela Pontifícia Universidade Católica de São Paulo, na qual se tornou docente do Departamento de Teologia e Ciências da Religião e da pós-graduação em educação (currículo). Foi secretário municipal de educação de São Paulo (1991-1992) e é autor de diversos títulos, entre os quais *Nos labirintos da moral*, em parceria com Yves de La Taille. Recentemente tem atuado como palestrante na área corporativa, sobretudo em questões referentes à ética e à gestão do conhecimento nas empresas.

De Masi, Domenico (1938): Professor de sociologia de trabalho na Universidade La Sapienza, de Roma, escreveu diversas obras, entre as quais *A emoção e a regra*, *A sociedade pós-industrial*, *O ócio criativo* e *O futuro do trabalho*.

Disney, Walt (1901-1966): Walter Elias Disney estudou arte e fotografia na High School de McKinley e na Kansas City Arts School. Em 1928 criou seu primeiro personagem, Mickey, ao qual se seguiram muitos outros. Seu primeiro longa-metragem, *Branca de Neve e os 7 Anões*, ficou pronto em 1937. Além das revistas em quadrinhos e dos filmes, seu vasto império inclui parques temáticos, canais de televisão e direitos de utilização por outras entidades das imagens dos personagens. Walt Disney transformou-se numa lenda, tendo criado, com a ajuda de sua equipe, todo um universo de referências no imaginário infantil de várias gerações.

Drummond de Andrade, Carlos (1902-1987): Um dos maiores poetas brasileiros, sua temática é introspectiva e revela o sentimento que tinha pelo mundo. Em sua técnica, destacam-se o meticuloso domínio do ritmo, a invenção vocabular e a revalorização da rima. Foi também contista e cronista. Seu primeiro livro, *Alguma poesia*, foi publicado em 1930. São de sua autoria *A rosa do povo*, *Claro enigma* e *Lição de coisas*, entre outros.

Eisenhower, Dwight David (1890-1960): General e político norte-americano, teve sua trajetória marcada pelo combate ao comunismo e à segregação racial. Em decorrência da popularidade de que desfrutava, foi eleito presidente dos Estados Unidos por duas vezes consecutivas.

Flaubert, Gustave (1821-1880): Escritor francês, foi um dos representantes mais importantes do romance realista. Entre suas obras destacam-se *A educação sentimental* (1869) e *Madame Bovary* (1856), este último seu romance mais importante, no qual critica os valores românticos e burgueses da época. O livro, que descreve um caso de infidelidade, causou escândalo na França. Ao ser questionado sobre a identidade de sua personagem, ele teria declarado "Madame Bovary sou eu".

Freud, Sigmund (1856-1939): Médico neurologista e psiquiatra austríaco, foi o fundador da psicanálise. Defendia a tese de que há uma relação entre histeria e sexualidade e de que a histeria não era exclusiva da mulher. Descobriu ainda a relação entre os traumas sofridos na infância e os sintomas da histeria. Sua obra é objeto de questionamentos, mas, inegavelmente, é ainda muito influente.

Freyre, Gilberto (1900-1987): Sociólogo brasileiro de renome internacional, fez também incursões no mundo da literatura e das artes. Nascido em Pernambuco, escreveu diversas obras acerca da realidade brasileira, principalmente sobre as relações sociais no Nordeste. Muito premiado e laureado, duas de suas principais obras são *Casa--grande & senzala* e *Sobrados e mucambos*.

Gaiarsa, José Ângelo (1920): Médico psiquiatra, classifica-se como um especialista em comunicação não verbal. Polêmico e contestador, seu trabalho versa sobre temas como família, sexualidade e relacionamentos amorosos.

Gardner, Howard (1946): Psicólogo e professor norte-americano, especialista em educação e neurologia, é o autor da teoria das inteligências múltiplas. A princípio, Howard definiu sete inteligências com base na ideia de que o ser humano possui um conjunto de diferentes capacidades. Desde a década de 1980, é professor da Universidade de Harvard (EUA).

Goethe, Johann Wolfgang (1749-1832): Escritor, poeta, cientista e filósofo alemão. É um dos nomes mais importantes da literatura alemã. Seu trabalho reflete o desenvolvimento das observações por ele colhidas ao longo da vida, marcada por sofrimento, tragédia, ironia e humor. *Fausto*, livro escrito a partir de 1774 e concluído em 1831, é sua obra-prima.

Goldberg, Elkhonon (1946): Neuropsicólogo e neurocientista cognitivo russo, conhecido por seus estudos sobre memória e cognição, sobre a especialização dos hemisférios cerebrais, e pela teoria da "rotinização" da novidade. Foi aluno de Alexander Luria na Universidade de Moscou, tendo emigrado para os Estados Unidos em 1974. Atualmente é professor de neurologia na Universidade de Nova York. Uma de suas obras mais conhecidas é *O paradoxo da sabedoria*.

Goleman, Daniel (1946): Psicólogo norte-americano, doutorou-se pela Universidade de Harvard, onde atuou depois como professor. Por mais de dez anos foi editor da área de ciência do *New York Times*. Algumas de suas obras mais importantes são: *Inteligência emocional*, *Inteligência social* e *A arte da meditação*.

Herzberg, Frederick (1923-2000): Psicólogo clínico e professor de gestão na Universidade de Utah. Ficou conhecido por seus estudos sobre motivação humana e pela teoria dos dois fatores: os de higiene (como condições de trabalho, salário e *status*) e os de motivação propriamente (como realização, reconhecimento, satisfação no trabalho e desenvolvimento pessoal). Foi também responsável pelo conceito de enriquecimento do trabalho.

Hobbes, Thomas (1588-1679): Filósofo e teórico político de origem inglesa, suas obras mais conhecidas são *Leviatã* e *Do cidadão*, ambas publicadas em 1651. Defendia que a sociedade só pode viver em paz se todos pactuarem sua submissão a um poder absoluto e centralizado. Além disso, entendia que a Igreja e o Estado formavam um só corpo. O poder central teria a obrigação de assegurar a paz interna e seria responsável pela defesa da nação. Tal soberano – fosse um monarca ou um colegiado – seria o *Leviatã*, de autoridade inquestionável.

Jung, Carl Gustav (1875-1961): Psiquiatra suíço, é o fundador da psicologia analítica, também conhecida como junguiana. Em 1900, tornou-se interno de uma clínica psiquiátrica então dirigida por Eugen Bleuler, conhecido por sua concepção da esquizofrenia. Desenvolveu o uso da técnica de associação de palavras no tratamento dos doentes mentais e era defensor da atitude humanista perante os pacientes. Correspondeu-se com Freud por muitos anos, mas divergências acabaram por ocasionar o rompimento entre eles. Suas pesquisas marcaram decisivamente estudos em diversas áreas além da psicologia, como antropologia, sociologia, arte e literatura.

Lévi-Strauss, Claude (1908-2009): Belga de nascença, é um dos grandes pensadores do século XX e um dos expoentes do estruturalismo. Foi professor honorário do Collège de France, onde ocupou a cátedra de antropologia social de 1959 a 1982. No Brasil, onde esteve de 1935 a 1939, desenvolveu trabalhos sobre os povos indígenas, além de ter ministrado cursos de sociologia na Universidade de São Paulo. Autor de renome internacional, entre seus livros estão *As estruturas elementares do parentesco*, *Tristes trópicos* e *O pensamento selvagem*.

Maslow, Abraham (1908-1970): Psicólogo e consultor norte-americano, entendia a psicologia como um instrumento de promoção do bem-estar social e psicológico. Em sua teoria da motivação, apresentou as necessidades humanas organizadas em níveis como numa pirâmide, conforme sua importância. É considerado um dos fundadores da teoria humanista.

Nogueira, Armando (1927-2010): Famoso jornalista e cronista esportivo, foi pioneiro do telejornalismo brasileiro. Estreou na Rede Globo em 1966 e criou dois dos programas mais importantes da televisão, que estão no ar até hoje: *Jornal Nacional* e *Globo Repórter*. Deixou a Globo em 1990, após fazer duras críticas à edição do debate presidencial promovido pela emissora entre Fernando Collor de Mello e Luiz Inácio Lula da Silva. Passou, então, a se dedicar exclusivamente ao jornalismo esportivo, sua grande paixão.

Ortega y Gasset, José (1883-1955): Filósofo espanhol, que atuou também como jornalista e ativista político. Depois da graduação e do doutorado em filosofia realizados em Madri, foi para a Alemanha, onde, inicialmente, deixou-se influenciar pela escola de Marburgo, com forte inclinação pelo idealismo, que ele viria a combater mais tarde. Em 1910 obteve a cátedra de metafísica, também em Madri e, em 1914, publicou seu primeiro livro: *Meditaciones del Quijote*. Em 1917 passou a colaborar no jornal *El Sol*. Já em 1923 fundou a *Revista de Occidente*, responsável por traduzir e comentar obras de grandes filósofos, como Edmund Husserl, Georg Simmel e Bertrand Russell. Durante a ditadura de Franco, exilou-se na Argentina, para retornar à Espanha apenas em 1948.

Platão (427-347 a.C.): Filósofo grego, discípulo de Sócrates, afirmava que as ideias são o próprio objeto do conhecimento intelectual. O papel da filosofia seria libertar o homem do mundo das aparências para o mundo das essências. Platão escreveu 38 obras; em virtude do gênero literário predominante, elas ficaram conhecidas pelo nome coletivo de *Diálogos de Platão*.

Sabin, Albert (1906-1993): Médico e microbiologista polonês, naturalizado norte-americano, tornou-se famoso por ter desenvolvido a vacina oral contra a poliomielite. Realizou também relevantes estudos sobre viroses humanas em geral, toxoplasmose e câncer.

Sócrates (470-399 a.C.): Filósofo grego, não deixou obra escrita. Seus ensinamentos são conhecidos por fontes indiretas. Praticava filosofia pelo método dialético, propondo questões acerca de vários assuntos.

Souza, César: Consultor, autor e palestrante, é presidente de uma empresa de consultoria em estratégia empresarial, *marketing* e recursos humanos. Graduado em administração de empresas pela Universidade Federal da Bahia, fez seu MBA pela Vanderbilt University. Com sólida experiência como executivo, foi vice-presidente da Odebrecht nos Estados Unidos e sócio-diretor do Monitor Group. Seu livro mais conhecido é *Você é do tamanho de seus sonhos*.

Tiba, Içami (1941): Médico psiquiatra, psicodramatista, educador, palestrante e escritor. Seu trabalho volta-se, sobretudo, aos adolescentes e às relações familiares. É dele a Teoria da Integração Relacional, segundo a qual o sucesso de um grupo depende do bom relacionamento entre seus integrantes. Seus pilares são a disciplina, a gratidão, a religiosidade, a ética e a cidadania. Tem vários livros publicados, entre os quais se destacam: *Quem ama, educa!* e *Família de alta performance*.

Tsé-Tung, Mao (1893-1976): Estadista, líder revolucionário e chefe do partido comunista chinês, suas ideias influenciaram marxistas no mundo inteiro. Organizou sindicatos e entidades da classe operária e camponesa. Em 1949, tornou-se chefe de Estado da então proclamada República Popular da China.

Vieira, padre Antônio (1608-1697): Orador sacro, missionário, político e diplomata português, veio para o Brasil em 1616. Sete anos depois, entrou para a Companhia de Jesus como noviço. Ordenou-se padre em 1635. Defendeu os judeus, os direitos humanos dos povos indígenas e o fim da escravatura. Os *Sermões* são sua mais importante obra.

Welch, Jack (1935): John Frances Welch Jr. graduou-se em engenharia química pela Universidade de Massachusetts, tendo realizado mestrado e doutorado na mesma área na Universidade de Illinois. Executivo muito bem-sucedido da General Electric (GE) por cerca de duas décadas, é autor do livro *Paixão por vencer: A bíblia do sucesso*. Atualmente é consultor, palestrante e escreve artigos sobre temas da área corporativa.

Zagury, Tânia: É palestrante, consultora e professora adjunta da Faculdade de Educação da Universidade Federal do Rio de Janeiro, onde realizou seu mestrado. Atuou como docente de psicologia da educação, sociologia, filosofia e didática. Pesquisadora na área educacional, já publicou quase duas dezenas de obras, entre as quais *Limites sem trauma: Construindo cidadãos* e Educar sem culpa: A gênese da ética.

Especificações técnicas

Fonte: AGaramond 12,5 p
Entrelinha: 18,3 p
Papel (miolo): Off-white 90 g
Papel (capa): Cartão 250 g
Impressão e acabamento: Paym